Umschlag
Stolz marschieren diese Kinder in Ladakh, mitten im Himalaya, über eine Baustelle. Sie verkörpern eine universelle Lebensfreude und sind doch zugleich so einzigartig wie ihre Biografien und die Berge, aus denen sie stammen. Ob auf den Hochebenen Äthiopiens, in den Bergwüsten Südamerikas, in Tibet oder in den Alpen – die Kinder der Berge lehren uns, dass das Leben immer Recht hat.

Vorausgehende Seite
Welch ein Blick dringt aus den grünen Augen dieser kleinen pakistanischen Kalasha aus Krakal! Die Kalasha, eine Ethnie indoeuropäischen Ursprungs, leben in den Hochtälern von Chitral. Für das Joshi-Fest zur Ankunft des Frühlings hat das Mädchen seine schönste Tracht angezogen. Ihre mit Perlen verzierte Haube – die *kupa* – ist zu Ehren der Göttin Jeshtak mit Blumen geschmückt.

Folgende Seite
Selbstbewusst posiert dieser junge Hirte in einer von Lateritböden geprägten Landschaft vor einigen der mächtigen Felswände des Andringitra-Massivs auf Madagaskar. Wie ein Flamingo oder Massai auf einem Bein stehend, beaufsichtigt er seine Zebus oder Ziegen. »Mir gehört die Welt«, scheint sein Blick zu sagen. Das Andringitra-Gebirge ist vulkanischen Ursprungs und besitzt Steilwände von fast 1000 Meter Höhe.

Folgende Doppelseite
Mit einem schönen Lächeln, das so viele ihrer Landsleute auszeichnet, schickt diese kleine Nepalesin sich an, vor einem kleinen Tempel ihre Blumen niederzulegen. Die Gesichter der Statuen sind von Andachtsübungen und farbigem Puder, der ihnen als Opfergabe dargebracht wird, schon ganz abgenutzt. Hier bittet man die Götter um Beistand, dankt ihnen, vertraut sich ihnen an, betet zu ihnen. Sie sind überall in den Städten und auf dem Land präsent.

Kinder der Berge in den Kulturen der Welt

Aus dem Französischen von Jutta Orth

Mit einem Vorwort von Mélissa Theuriau

Herausgegeben von Bernard Debabieux

Mit Beiträgen von
Sylvie Brunel, Hervé Gumuchian,
Palayanoor Sivaswamy Ramakrishnan,
Valeria Pototskaya und Fausto Sarmiento

Bildunterschriften von Jean-Michel Asselin

GERSTENBERG

Da ich in Grenoble geboren bin, sind die Berge von jeher Teil meines Universums. Bis heute schöpfe ich aus ihnen einen großen Teil meiner Energie. Für junge Leute aus den westlichen Ländern erweist sich dieser großartige, schützenswerte Naturraum als ein ganz besonderes Lebensumfeld. Doch für die Kinder, die weitab von der modernen Zivilisation leben, sind die Berge auch ein Ort, an dem Schulbildung und Wissenserwerb eine untergeordnete Rolle spielen, ja oft nicht einmal möglich sind. Doch wie wir alle wissen, ist Bildung die einzige wirksame Waffe gegen die Armut.

Als Mitglied von Vereinigungen, die sich dafür einsetzen, Menschen den Zugang zu Bildung zu ermöglichen, achte ich darauf, welchen Platz Kinder in der Welt einnehmen, wie es um ihr Wohlergehen, ihre Gesundheit und ihre Möglichkeiten bestellt ist. Am falschen Ort und im falschen Umfeld geboren zu sein ist eine Benachteiligung, die wir nicht hinnehmen dürfen. Manchen Kindern stehen alle erdenklichen Mittel zur Verfügung, anderen überhaupt keine. Doch die *Allgemeine Erklärung der Menschenrechte* fordert für alle Kinder das Recht auf Bildung und attestiert dieser zwei grundlegende Funktionen: Sie »muss auf die volle Entfaltung der menschlichen Persönlichkeit und auf die Stärkung der Achtung vor den Menschenrechten und Grundfreiheiten gerichtet sein« und »zu Verständnis, Toleranz und Freundschaft zwischen allen Nationen und allen rassischen oder religiösen Gruppen beitragen«.

Ein unwissendes Individuum hängt vollständig von jenen ab, die Wissen und Macht besitzen, und dies kann Diktatur oder Ausbeutung den Weg bereiten. Das ist der Grund dafür, dass die Schule die einzig echte Chance auf Bildung bietet – eine Chance, die insbesondere Mädchen in den Entwicklungsländern häufig verwehrt bleibt, da sie zu Haus- und Feldarbeit verpflichtet werden und ihre Geschwister beaufsichtigen müssen.

Bildung verhilft einem Kind dazu, sich zu einem vollwertigen, mit allen zivilen, sozialen und kulturellen Rechten ausgestatteten Mitglied der Gesellschaft zu entwickeln, das die Schlüssel zur Gestaltung seines Lebens in der Hand hält. Doch es fehlt an Geld, und die Schulbesuchsquote sinkt. In den Bergregionen, die am weitesten von den großen Verkehrsachsen entfernt sind, kann sich die Suche nach qualifizierten Lehrern als schwierig erweisen. Sehr oft stammen sie aus dem Dorf, in dem sie unterrichten, nur selten sind sie verbeamtet und haben daher einen prekären Rechtsstatus. Doch allen liegt die Vermittlung von Wissen am Herzen, und genau diesen Impuls gilt es zu unterstützen und zu fördern. Es scheint daher dringend notwendig, in diesen abgelegenen Regionen Kindern – insbesondere Mädchen – den Zugang zu Bildung zu erleichtern, um ihren Ausschluss aus der Gesellschaft zu verhindern und ihnen Wissen und Hoffnung zu vermitteln.

An jene kleinen Mädchen und Jungen, deren Porträts die Seiten dieses schönen Buches schmücken, denke ich beim Verfassen dieses Vorworts. Setzen wir uns weiterhin dafür ein, dass Bildung der Kinderarbeit den Rang abläuft, damit die Betroffenen in Zukunft an der ökonomischen Entwicklung und am sozialen Fortschritt ihrer Heimat teilhaben können.

Mélissa Theuriau
Chefredakteurin und Moderatorin der Dokumentarreihe Zone Interdite *des französischen Fernsehsenders M6*
Botschafterin der Kinderhilfsorganisation Association Rêves
Patin der Mädchenhilfsorganisation La Rose Marie Claire

11

Leben
in den Bergen

Außer ihren Hängen, der Höhe und dem kalten Klima haben die Gebirge der Welt wenig gemeinsam. Die Kinder, die in diesem Umfeld leben, sind noch unterschiedlicher. Was verbindet sie miteinander? Die Notwendigkeit, einen Kompromiss mit einem sehr präsenten natürlichen Umfeld einzugehen, das man auf tausendfache Weise imaginieren kann und doch stets auf einzigartige Art erlebt, egal, wo man sich befindet.

35

Aufwachsen
in Gemeinschaft

Die Kinder der Berge bilden ihre Persönlichkeit nach dem Vorbild der Kulturen, in denen sie groß werden. Sie stehen im Ruf, engere Familien- und Gemeinschaftsbande zu pflegen als in vielen anderen Regionen. Das stärkt ihr Zugehörigkeitsgefühl, schwächt aber womöglich ihre Autonomie, wenn sie als Erwachsene ihre Heimat verlassen müssen, um ihren Lebensunterhalt woanders zu verdienen.

63

Lernen
fürs Leben

Gibt es etwas Selbstverständlicheres für ein Kind, als sein Wissen auf der Schulbank zu erwerben? Im Grunde genommen ist das gar nicht so selbstverständlich. Die Schulen in den Bergen Europas oder Japans sind luxuriös im Vergleich zu den Provisorien, die Lehrern und Schülern in anderen Teilen der Welt manchmal zur Verfügung stehen. Wenn andere Pflichten rufen, bleibt den Kindern oft keine Zeit mehr für die Schule.

87

Teilhaben
an der Arbeitswelt

Bergkulturen vermitteln einen großen Teil ihres Wissens und ihrer Werte über die Arbeit auf den Feldern und in der Werkstatt. In diesem Sinn kann Kinderarbeit moralisch vertretbar sein. Doch es kommt häufig vor, dass Kinder arbeiten, um das Haushaltseinkommen zu sichern, dass Mädchen zu Hausarbeiten herangezogen werden, während die Jungen zur Schule gehen, dass Unternehmen Kinder als billige Arbeitskräfte betrachten und schamlos ausbeuten.

115

Spielen
muss sein

In den Bergen pflegt man einfache Freuden; und die Kinder haben stets zur Hand, was sie brauchen, um ihre Kreativität auszuleben. Zudem bietet sich das Gebirge für Spiele und Freizeitbeschäftigungen an, die man nirgends besser ausüben kann, wie etwa Schlittenfahren. Im Zeitalter der Globalisierung sind die Berge darüber hinaus Schauplatz nationaler und internationaler Sportereignisse. Doch wie überall auf der Welt regiert auch hier König Fußball.

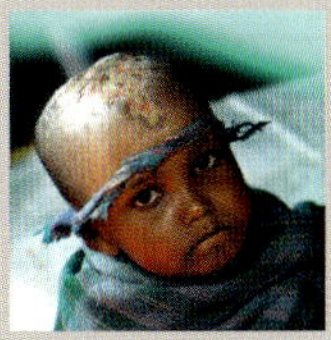

141

Überleben
in schwierigen Zeiten

Das Leben in den Bergen ist für Kinder oft viel schwieriger als anderswo. Eine schlechte Ernte oder ein zu harter Winter kann die Versorgungslage bedrohlich verschlechtern. Das Wüten der Natur birgt Gefahren, auf die die lokalen Gemeinschaften nicht immer vorbereitet sind. Dazu kommen Konflikte, Grenzstreitigkeiten und Guerillas, die nur zu gerne aus den Bergen heraus operieren.

Leben
in den Bergen

◄ Das Sultanat Oman berauscht durch seine Fülle von Canyons und Hochplateaus. Sein höchster Berg, der Djebel Shams, ist 3009 Meter hoch. Das im Südosten der arabischen Halbinsel gelegene Land ist die Heimat eines Bergvolks mit ausgeprägten alpinistischen Fähigkeiten. Diese Menschen sind Kletterer, ohne sich dessen bewusst zu sein, und kraxeln in den anspruchsvollsten Felswänden herum. Oman lebt heute hauptsächlich vom Ölexport.

EINE FLUT VON BILDERN hat unsere Vorstellungen von den Kindern der Berge geprägt: vom savoyischen Schornsteinfeger, vom zukünftigen Ski-Ass, vom kleinen buddhistischen Mönch, von der Teepflückerin im Himalaya, dem Ziegenhirten im Atlas und dem jungen Cowboy im amerikanischen Westen. Einige dieser Kinder gibt es tatsächlich, andere haben zu anderen Zeiten gelebt, manche Vorstellungen sind aber auch der Fantasie entsprungen, die sich stets als fruchtbar erweist, wenn es um Berge geht. Die Vielfalt des kindlichen Daseins wird dabei nur zum Teil erfasst. Was haben diese Kinder gemeinsam? Eigentlich nicht viel, außer ihrem Lebensumfeld, dem Gebirge. Auch die Berge sind sehr verschieden; Hänge und Höhe sind ihre einzigen gemeinsamen Merkmale. In diesen Bergen leben unglaublich vielfältige Völker, die Hunderte von Sprachen sprechen. Manche sind reich, andere arm, manche auf der Höhe der Zeit, andere praktisch unberührt vom Treiben der modernen Welt.

Das vorliegende Buch feiert diese Vielfältigkeit. Doch was eigentlich verbindet die Kinder aus den verschiedenen Kulturen? Die Notwendigkeit, einen Kompromiss mit einem sehr präsenten natürlichen Umfeld einzugehen, das man auf tausendfache Weise imaginieren kann und doch stets auf einzigartige Art erlebt, egal, wo man sich befindet.

Die Berge als Lebensraum

Es ist viel Unsinn über den Einfluss der natürlichen Umwelt auf die Bergvölker geschrieben worden: Es wurde behauptet, Bergwasser ließe Kröpfe wachsen, und die Enge der Täler mache begriffsstutzig und schränke den geistigen Horizont ein. Mal hieß es, Bergbewohner könnten klettern wie Gämsen, mal, ihre Körper seien von Arbeit entstellt. All dies sind plumpe Versuche, punktuelle Beobachtungen und individuelle Ansichten mit Hilfe der Natur zu erklären.

Tatsächlich ist die Höhe der einzige Faktor, der den menschlichen Organismus beeinflusst. Auf Länder mit wenigen Erhebungen wie Norwegen oder Australien, Südafrika oder Brasilien trifft dies sicher nicht zu, wohl aber auf die Anden und Zentralasien, wo zahllose Städte und Dörfer über 2500 Meter hoch liegen. Nur dort hat die Höhe Einfluss auf den menschlichen Körper: Sie führt zu einer vermehrten Produktion von roten Blutkörperchen und einer Vergrößerung des Brustkorbs. Kinder, die in großer Höhe aufwachsen, beispielsweise in Äthiopien und Kenia, und täglich trainieren, können später herausragende Langstreckenläufer werden. Oft heißt es, das eigentliche Charakteristikum der Berge sei ihre Steigung. Kein Wunder: Obwohl im Grunde ein Abstraktum, ist sie intensiv erfahrbar – beim Wandern oder Schlittenfahren, bei der Gartenarbeit oder beim Betrachten. Diese Erfahrung prägt das Know-how und die Gewohnheiten. Und alle Bergkinder dieser Welt machen unterschiedliche Erfahrungen. Man sagt auch, dass Kinder der Berge, die in die Stadt verpflanzt werden, ihrer Heimat niemals ganz den Rücken kehren. Die Schweizer kleiden diese Sehnsucht in ein nostalgisch anmutendes Lied, den *Ranz des Vaches* oder *Kuhreigen*, mit dem einst die Kühe in den Stall getrieben wurden.

Je weiter entfernt vom Äquator sie leben, umso mehr sind die Bergvölker dem Wechsel zwischen manchmal sehr kurzen Sommern und oft sehr langen Wintern ausgesetzt, in denen der Schnee die Landschaft verwandelt, die Bearbeitung des Bodens unmöglich

➨ Es ist Erntezeit in Ghandrung, einem nepalesischen Bauerndorf auf der Trekkingroute zum Annapurna-Sanktuarium. Nepal ist das unbestrittene Königreich der Berge, Heimat des 8848 Meter hohen Mount Everest und zahlreicher weitere Achttausender. Am Fuß dieser Giganten liegen in schützenden Tälern Bergdörfer wie Ghandrung. Die Bewohner gehören zum Volk der Gurung, entfernten Verwandten der Tibeter. Die Gurung lassen ihr Vieh (Ziegen, Kühe und Yaks) auf bis zu 4000 Meter hoch gelegenen Almen weiden. Bei der Feldarbeit sind sie auf jede helfende Hand angewiesen – auch auf die der Kinder, die insbesondere bei der Gersten- und Weizenernte unverzichtbar sind. Für die Schule ist später noch Zeit.

macht und den Berg zur Rutschbahn erklärt. Das Leben spielt sich hauptsächlich im Haus ab; die Familien rücken enger zusammen, die Kinder lernen, weben, hacken Holz, lesen oder schauen fern. Die Tropen sind von anderen Gegensätzen geprägt. Schnee fällt dort nur selten; entscheidend ist vielmehr der Wechsel zwischen Trocken- und Regenzeit, vor allem in Ländern, die im Monsungürtel liegen.

Leben in der Abgeschiedenheit

Es ist folglich unmöglich, in der Natur bestimmte Merkmale zu finden, die allen Gebirgen der Welt gemeinsam sind und alle Kinder der Berge auf vergleichbare Weise prägen könnten. Stattdessen bietet sich die Beschäftigung mit Fragen der geografischen Lokalisierung und der Zugänglichkeit ihrer Wohnorte an. Ein Blick auf die Erdkarte genügt, um das Wesentliche zu erfassen: Das Herz der modernen Gesellschaften schlägt nicht in den Bergen. Natürlich liegen einige Metropolen wie Bogotá und La Paz in beachtlicher Höhe, und in den Alpen oder Appalachen ist die nächste Großstadt selten weiter als zwei Autostunden entfernt. Doch in den meisten Fällen türmen sich die Berge an den Rändern von Staatsgebieten auf. Manchmal gibt es kaum Straßen, und Breitband-Internetverbindungen sind häufig unbekannt. Zweifellos ist dies der Grund dafür, dass sich in den Bergen eine größere Vielfalt an Sprachen und Religionen erhalten hat, dass stärker an lokalen Bräuchen festgehalten wird als anderswo, als ob die Abgeschiedenheit das Bedürfnis nach Gemeinschaft stärke. Reisende, die in tropischen Bergregionen unterwegs sind, sind oft überrascht, dass in den Dörfern zwar Armut herrscht, aber weniger Elend als in vielen Großstädten und dass bei aller Abgeschiedenheit ein intensives soziales Miteinander gepflegt wird, in dessen Zentrum die Kinder stehen.
Grenzkonflikte haben in Regionen wie Kaschmir oder Zentralafrika daher noch verhängnisvollere Folgen als anderswo, und in Ländern wie Kolumbien und Afghanistan finden Guerillas Unterschlupf in den Bergen. Krieg und Frieden, Harmonie und zerstörerische Gier haben die Berge dieser Welt geprägt. Die Kinder sind diejenigen, die als Erste davon profitieren – und als Erste dafür bezahlen.

Ein Recht auf die Berge

Im Namen der Gerechtigkeit und der Menschenrechte verdienen die Kinder der Berge daher unsere ganz besondere Aufmerksamkeit. Wie alle Kinder sollten sie unter vernünftigen Bedingungen aufwachsen können und Zugang zu guten Versorgungsmöglichkeiten haben – nichts schwerer als das in unserer von Kriegen und Armut heimgesuchten Gegenwart.
Außerdem müssen diese Kinder Zugang zu Bildung und Kultur erhalten. Zwar profitieren sie häufig von den starken sozialen Bindungen innerhalb eines Dorfs oder Tals oder einer Ethnie. Doch wenn Erwachsene ihre Heimat verlassen, um woanders Arbeit zu suchen, wenn autoritäre Zentralmächte, denen die kulturelle Vielfalt nicht wichtig ist, einheimische Kulturen bewusst schwächen, lockern sich diese Bindungen. Und selbst wenn die Kulturen über Generationen hinweg zur Integration ihrer Nachkommen in der Lage wären, müssten auch ihre Kinder die Möglichkeit haben, die weite Welt kennenzulernen: über die Schule, über die Medien und durch den Austausch mit anderen Volksgruppen. Denn wenn die Kinder von heute sich nicht mit der Welt auseinandersetzen können, laufen sie Gefahr, sich als Erwachsene in der Welt von morgen nicht mehr zurechtzufinden.
Von daher ist Emigration nicht zwangsläufig ein Nachteil. Der Besuch eines Gymnasiums oder einer Universität sowie das Ausüben eines Berufs fern der Heimat können sich als nützliche Erfahrungen erweisen – vorausgesetzt, der eingewanderte Bergbewohner wird in der Stadt wegen seiner Herkunft nicht wie ein Außenseiter behandelt. Besonders schlimm wäre es, wenn ein Jugendlicher nicht in die Berge zurückkehren könnte, weil es keine Arbeit gibt oder weil seine Stammesbrüder und -schwestern gewaltsam aus ihrer Heimat vertrieben wurden. Vielleicht ist es das, was man als Recht auf die Berge bezeichnen könnte: das Recht, an seinem Geburtsort zu bleiben, ihn in Würde zu verlassen, zurückzukehren und dabei ein Minimum dessen vorzufinden, was die Gerechtigkeit erfordert – die Möglichkeit zu überleben, der Welt gegenüber offen zu bleiben und stolz auf den Ort zu sein, an dem man sich befindet und der einen zu dem gemacht hat, was man ist.

Diese Kinder spielen auf einer der ältesten Handelsrouten des Himalaya. Sie führt von Tibet über den indischen Distrikt Kinnaur nach Nordwesten ins karge Spiti-Tal, das von einem morastigen Fluss durchzogen wird. Salz, Wolle, Reis, Stoff und Halbedelsteine wurden auf dieser Route transportiert.
Der Bhima-Kali-Tempel in Sarahan, einem wunderschönen Dorf aus Holzhäusern mit geschwungenen Dächern, besticht durch seine Architektur und seine buddhistischen und hinduistischen Kunstwerke. Nur zu gerne bieten sich die einheimischen Kinder den Touristen als Führer an. Auf dem Programm stehen auch die über 5000 Meter hohen verschneiten Kämme des Shrikhand Mahadev, des Wohnsitzes der Göttin Lakshmi.

In den Bergen des Djebel Haraz posiert dieser kleine Hirte aus dem Jemen vor der befestigten Stadt Husn al-Ghurab. Sie wirkt so unzugänglich wie ein Adlerhorst. In den bis zu 2400 Meter hohen Bergen, die zum ehemaligen Reich der Königin von Saba gehören, baut man *Kath*, Kaffee, einige Getreidesorten und Gemüse an. Die Dörfer thronen auf felsigen Bergspitzen oder erstrecken sich über die Kämme. Bei ihrem Anblick kann unsereinem schon schwindlig werden. Nicht so den einheimischen Kindern, die schon früh an den Hängen herumkraxeln und ihre Geschicklichkeit unter Beweis stellen müssen. In Al-Hajarah, Manakha oder in dem ismaelitischen Wallfahrtsort Al-Hoteib wird das Gefühl der Leere dank einer »magischen« Architektur besonders gut fassbar.

▲ Dieser kleine japanische Skiläufer posiert vor einer Kulisse, die genauso gut zur Schweiz gehören könnte. Doch das Foto wurde mitten in Japan, in Nagano, aufgenommen. Japan hat seine eigenen »Alpen« und ist eine Hochburg des alpinen Skisports. Die Stadt Nagano war Schauplatz der Olympischen Winterspiele von 1998. Ein großer Teil der Veranstaltungen fand in der Region um den knapp 3000 Meter hoch gelegenen Ort Hakuba statt. Der österreichische Skirennfahrer und Goldmedaillengewinner Hermann Maier erlitt dort einen der spektakulärsten Skiunfälle aller Zeiten. Vielleicht wird dieser kleine Junge sich den Unfall später im Internet ansehen. Wenn nicht, könnte man fast darauf wetten, dass er davon träumen wird, die berühmte Abfahrt des Vallée Blanche im Mont-Blanc-Massiv bei Chamonix hinabzusausen. Eine Herausforderung für jeden Japaner!

◄ Die Terrasse eines Schweizer Chalets im Simmental im Kanton Bern. Zwar spricht man in der Schweiz mehrere Sprachen, doch die Liebe zu den Bergen wird von allen Schweizern geteilt. Im Simmental, das seinen Namen einer berühmten Rinderrasse verdankt, liegt das Gebirge jedem am Herzen. Im Kanton Bern gibt es sehr hohe Berge wie das Finsteraarhorn (4275 Meter), das Aletschhorn, die Jungfrau, den Mönch und den Eiger, große Gletscher und fruchtbare, sattgrüne Täler. Der kleine Junge ist in eine intakte Welt hineingeboren, der Tisch ist gedeckt, er hat die Qual der Wahl zwischen Himbeeren und Blaubeeren. Die Schweizer haben es verstanden, diese einzigartige Landschaft zu bewahren und zu pflegen, ohne ihre Bauern zu verleugnen. Das Gebirge, das seinen Bewohnern harte Arbeit abverlangt, ist hier nicht gleichbedeutend mit Armut.

◄ Die Tarahumara leben im Norden Mexikos im Bundesstaat Chihuahua, mitten in einer gebirgigen, trockenen Region, zu der auch der Barranca del Cobre – die Kupferschlucht – gehört. Die jungen Mädchen mit den bunten Faltenröcken gehören zu diesem mythischen Volk, das der Dichter Antonin Artaud bekannt zu machen half. Er wollte an seinen Sonnenkultritualen teilnehmen, vor allem aber die halluzinogene Wirkung des Peyote-Kaktus testen, den die Tarahumara zu religiösen Zwecken verwenden. Für diese Indianer haben auch Pflanzen eine Seele. Sie sind Christen, praktizieren aber schamanistische Riten. Untereinander nennen die Tarahumara sich Rarámuri – »Fußläufer«. In der Tat gelten sie als bemerkenswerte Langstreckenläufer, die rein zum Spaß Sechzig-Kilometer-Rennen veranstalten. Populär ist auch ein Spiel namens *rarahipa*, das darin besteht, in über 2000 Meter Höhe einen Holzball die Canyons entlangzukicken.

Dieses tadschikische Paar wirkt überaus stolz. Mit zwei Kindern im Arm reiten die beiden den sagenumwobenen KKH entlang, den Karakorum Highway, eine 1300 Kilometer lange Straße, die China mit Pakistan verbindet und über einen der höchsten Pässe der Welt führt: den Khundscherab-Pass (4733 Meter). Die Tadschiken wanderten vor mehreren Jahrhunderten aus dem östlichen Iran in ihre heutigen Siedlungsgebiete ein. In China leben die meisten von etwa 40 000 Angehörigen dieser muslimischen Volksgruppe im autonomen Kreis Taxkorgan in Xinjiang. Auch im usbekischen Samarkand, jener mythischen Stadt an der Seidenstraße, sind sie sehr präsent. Sie pflegen eine halbnomadische Lebensweise und versuchen ihre Traditionen zu wahren. Dass das Paar auf diesem Bild alles andere als traditionell gekleidet ist, ändert nichts daran.

▲ Die Kinder, die auf diesem Holzzaun sitzen, leben in der Bukowina, einer Bergregion am Rand der Karpaten im Norden Rumäniens. Die Bukowina gehörte früher zum Fürstentum Moldau und liegt halb in der Ukraine und halb in Rumänien. »Bukowina« bedeutet »Buchenland«, und in der Tat ist diese Landschaft reich an Wäldern. Berühmt ist sie vor allem für ihre mit Malereien geschmückten Klöster. Invasoren und Händler gaben sich hier früher die Klinke in die Hand. Sind diese Kinder, die sich in zwei Gruppen aufgeteilt haben, vielleicht unterschiedlicher Herkunft? In der Region gibt es ganze Dörfer, die ausschließlich von einer Volksgruppe bewohnt sind: Lipowanern, polnischen Ukrainern oder Houtsoules (Slawen).

► Kinder, die schlecht oder noch gar nicht laufen können, müssen getragen werden. In den Bergen ist das besonders offensichtlich. Normalerweise übernehmen die ältesten Söhne und Töchter einer Familie diese Aufgabe. Diese Peruanerin, die ihr Kind huckepack in ihrem Umschlagtuch trägt, scheint die Last auf ihrem Rücken kaum zu spüren. In den Anden wie in Nepal, wo es nur wenige befahrbare Straßen gibt, ist das Lastentragen den Menschen zur zweiten Natur geworden. Kinder, Wasserkanister, Holzbalken, Viehfutter, Möbel, Tiere: Alles wird kilometerweit geschleppt. Die Höhenunterschiede, die die Menschen dabei überwinden, ließen Wanderer immer wieder erstaunen. Noch erstaunlicher ist, dass in diesen Höhenlagen zwischen 3000 und 4000 Metern, wo der Sauerstoff knapp wird und das Atmen schwerfällt, die schwierigsten Aufgaben bewältigt werden.

◄ Madagaskar: Das Wort weckt Assoziationen an Strand, Meer und Wellen, die sich zwischen Palmen brechen, steht aber zugleich für eines der ärmsten Länder der Welt. Seine Bergregionen sind das Ziel namhafter Alpinisten. Sechzig Prozent der Fläche bedecken Hochplateaus, die sich auf die Mitte der Insel konzentrieren und aus denen sehr kompakte Felswände aus Granit in den Himmel ragen. Der Maromokotro, ein Berg vulkanischen Ursprungs, ist 2876 Meter hoch; Teile der Hauptstadt Antananarivo ziehen sich bis auf über 1400 Meter die Hänge hinauf. Die fünftgrößte Insel der Welt liegt im Indischen Ozean neben Südafrika, von dem sie nur die Straße von Mosambik trennt. Wird diese kleine Madagassin neben dem mit Ocker verputzten Haus später einmal dem trügerischen Glanz der Hauptstadt erliegen? Mit seinen anderthalb Millionen Einwohnern übt »Tana«, wie Antananarivo auch genannt wird, gerade auf arme Madagassen aus den Bergen eine starke Anziehungskraft aus.

◄ Im Herbst treiben die Bauern in Bayern das Vieh von den Almen ins Tal, wo es im Stall überwintert. Diese Aufnahme entstand in Obermaiselstein, das etwa 10 Kilometer von dem bekannten Wintersportort Oberstdorf entfernt liegt. Oberstdorf ist Austragungsort vieler alpiner Skisprungwettbewerbe. Jedes Jahr findet dort das Auftaktspringen der berühmten Vierschanzentournee statt.
Der kleine Hirte auf dem Foto trägt eine typisch bayrische Lederhose, die traditionellerweise aus Hirschleder hergestellt wird. Nach dem Zweiten Weltkrieg kamen Lederhosen wieder in Mode. Ende des 19. Jahrhunderts hatte die Kirche das Tragen von Lederhosen bei Prozessionen verboten. Kurze Lederhosen wurden 1913 sogar als sittenwidrig erklärt.

▲ Dieses seltsame Wesen ist ein Wasserbüffel, und der kleine Vietnamese scheint sich darauf genauso wohlzufühlen wie auf einem hölzernen Karussellpferd. Er trägt jene Art von schwarzer Kluft, die unter anderem durch amerikanische Filme berühmt wurde. Neben ihm der Rote Fluss – ein 1200 Kilometer langer Gigant, der in der chinesischen Provinz Yunnan entspringt und etwa zur Hälfte durch China fließt. Weiter südlich wälzt er sich mitten durch die vietnamesische Hauptstadt Hanoi und bildet schließlich im Golf von Tonkin ein grandioses Delta. Vietnam besitzt trotz seiner Küstenlage ein gebirgiges Hinterland: Der im äußersten Norden gelegene Fansipan, wie ein französischer Tourist den Phan Xi Pang vor mehr als hundert Jahren nannte, ist 3134 Meter hoch. In der Region, in der dieses Foto aufgenommen wurde, im Tal von Sapa, leben mehrere ethnische Minderheiten: die Schwarzen Hmong, die Fula, die Roten Dao, die Giay … Da die Dampfwalze der Moderne auch vor ihnen nicht haltmacht, gelten sie als bedroht.

Hält man sich an das kirgisische Sprichwort »Ohne Pferd hat der Mensch keine Füße«, gilt Kirgisien zu Recht als Land der Reiter. Doch es ist ebenso das Land der Seen. Dieses Foto entstand in der Gegend des Song-Kul-Sees in mehr als 3000 Meter Höhe. Er ist kleiner als der riesige, 177 Kilometer lange, bis zu 60 Kilometer breite und 702 Meter tiefe Issyk-Kul-See, den laut Legende 80 Flüsse speisen. Anders als der Song Kul friert der 1600 Meter hoch gelegene Issyk Kul niemals zu. Die Berge, die sein Ufer säumen, ragen mehr als 4000 Meter in den Himmel. Die Steppen dienen den Herden der Kirgisen als Weideland. Wenn die kleinen Seilspringerinnen vom Spielen nach Hause kommen, können sie ihren Durst mit *Kumys* aus Stutenmilch löschen.

In einem Sträßchen von Magdaz im Hohen Atlas haben sich Kinder zum Plaudern versammelt. Das marokkanische Berber-Dorf im Tessaout-Tal hat 2000 Einwohner und liegt auf 1900 Meter Höhe. Die Einwohner leben von der Landwirtschaft. Sie bauen Nüsse und Mais an, die sie auf den Flachdächern ihrer Häuser trocknen lassen. Im Sommer herrscht oft sengende Hitze – nicht selten schlafen die Menschen unter freiem Himmel auf den Dächern –, während der Winter eisige Kälte bringen kann. Die Lehmhäuser bieten bei den starken Temperaturschwankungen mehr oder weniger Schutz. Da es keine richtige Straße gibt, sind die Einwohner von Magdaz im Winter von der Außenwelt abgeschnitten. Doch auch hier hält nach und nach der Tourismus Einzug. Einen Ruf muss Magdaz sich nicht mehr erarbeiten: Es gilt schon jetzt als Juwel dieses wilden Tals.

🌢 Wie [fast] überall auf der Welt geht man auch in Ladakh zur Schule. Die Region Ladakh im indischen Bundesstaat Jammu und Kaschmir wird wegen ihrer tibetisch-buddhistischen Kultur auch als »Klein-Tibet« bezeichnet. In etwa 3200 Meter Höhe marschieren diese beiden Jungen zur Schule von Temisgang. Sie sind schon eine gute Stunde unterwegs. Temisgang liegt etwa fünf Busstunden von der Distrikthauptstadt Leh entfernt, ist mit etwa 300 Einwohnern der größte Marktflecken des Sham-Tals und Ausgangspunkt vieler Trekkingtouren. Wie in Nepal haben auch in Ladakh Touristen den Bau oder die Unterhaltung mancher Schule übernommen. Früher waren Klöster für die Bildung zuständig: Man musste Mönch werden, um lesen und schreiben zu lernen.

Die Aufnahme dieser kleinen chilenischen Indianerin, die am Rand der Atacamawüste in 4000 Meter Höhe lebt, wird den Lebensbedingungen vieler Kinder sicher gerechter als andere, weniger exotische Fotos, die strahlende Knirpse beim Eisessen zeigen. Mit einer Niederschlagsmenge von weniger als 50 Millimeter pro Jahr gehört die Atacamawüste zu den trockensten Wüsten der Welt. Die verschneiten Vulkane, die am Horizont aufragen, sind bis zu 6000 Meter hoch. In dieser von salzigen Seen gesprenkelten Einöde können nur wenige Tiere wie Lamas und Vikunjas aus der Familie der Kamele sowie einige Vogelarten, beispielsweise Flamingos, überleben. Die Indianer, hauptsächlich Aymara, sind arm und arbeiten teilweise in Kupfer- oder Eisenerzminen. Die Hauptstadt Santiago de Chile ist 1600 Kilometer weit entfernt. In der Atacamawüste stehen die größten Teleskope der Welt. Sie liegt genau am Wendekreis des Steinbocks, und ihre reine Luft hat Astronomen immer schon begeistert.

Aufwachsen
in Gemeinschaft

◄ Die Quechua-Indianerin Paulina kämmt ihrer Tochter Reina das Haar. Ihre Familie lebt in dem 3700 Meter hoch gelegenen peruanischen Dorf Huilloc in der Nähe von Cusco, der einstigen Inka-Hauptstadt, die im 15. Jahrhundert von den *conquistadores* erobert wurde. Huilloc liegt am Fuß des verschneiten, 6271 Meter hohen Salkantay und besitzt eine Schule, die mehr als 150 Schüler aus der ganzen Region besuchen. Die Frauen kleiden sich vor allem in Rot. In Peru verdienen mehr als zwanzig Prozent der Bevölkerung weniger als einen Dollar pro Tag. Die Einwohner Huillocs leben vorwiegend von der Landwirtschaft.

DIE KULTURELLE VIELFALT der Bergregionen ist ihrer natürlichen Vielfalt ebenbürtig. Das zivilisatorische Spektrum ist heterogener als überall sonst, da die Ethnien sich in der Abgeschiedenheit ihrer Lebensräume unabhängig voneinander entwickelt haben. Dennoch hatten sie lange Zeit auch viele Gemeinsamkeiten, als ob sie für die Probleme und Gefahren der Berge, mit denen sie konfrontiert waren, ähnliche Lösungen gefunden hätten. In den traditionellen Kulturen, die normalerweise in Stämmen organisiert sind, sind die Bindungen zwischen den Mitgliedern oft weit verstreut lebender Familien sehr stark und oft auch restriktiv. Insbesondere das Miteinander der Generationen führt dazu, dass Kinder und alte Menschen einander nahe sind, und garantiert die Weitergabe kultureller Traditionen. In den westlichen Ländern hat die Verschmelzung unterschiedlicher Volksgruppen und die Erschließung der Berge diese Bindungen gelockert. Hier hat sich das Modell der Kleinfamilie aus Eltern und Kindern durchgesetzt, das Großeltern, Onkeln, Tanten, Cousins und Cousinen aus dem engsten Kreis ausschließt. Bedingt durch die ungleiche Verteilung des Wohlstands, ist dieses Modell allerdings in der Minderheit.

Die Allgegenwart der Natur hat bei den Bergvölkern darüber hinaus einzigartige Formen der Spiritualität und der Religionserziehung entstehen lassen. Oft praktizieren sie animistische und polytheistische Religionen, in denen Berge, Pflanzen und Gebirgsbäche spirituelle, magische und symbolische Bedeutung erhalten. Sofern die großen Weltreligionen mit ihrem Gefolge aus Priestern und Siedlern ins Gebirge vorgedrungen sind, wie der Islam in den Hohen Atlas und das Christentum in die südafrikanischen Drakensberge, sind sie oft animistisch gefärbt und für lokale Varianten aufgeschlossen. Meist haben die Kirchen beide Augen zugedrückt. In den von der Moderne noch relativ unberührten Bergregionen sind die Kinder in traditionelle Kulturen, kollektive Rituale und die jeweilige Religion eingebunden, die ihnen eine bestimmte Beziehung zur Natur vermitteln. Normalerweise spielen die Frauen die entscheidende Rolle bei der Weitergabe von Traditionen und bei der – oft liberalen – Interpretation religiöser Dogmen.

Der kulturelle Mikrokosmos des Himalaya

Im Himalaya sind all diese Charakteristika zu finden. Er ist kleiner als Frankreich und Deutschland, zugleich aber ein riesiger kultureller Mikrokosmos mit mehr als zweihundert ethnischen Gruppen, die Hunderte von Sprachen sprechen und Dutzende von Religionen ausüben. Mit den großen, homogeneren und urbanisierten Gesellschaften der nahe gelegenen Ganges-Ebene haben diese Ethnien nichts gemeinsam. Was besonders auffällt, ist die enge Beziehung, die Frauen und Kinder der Himalaya-Völker zu ihrer natürlichen Umgebung haben. Im zentralen Himalaya, im indischen Bundesstaat Uttarakhand, wächst auf halber Höhe eine Eichenart, die von den Einheimischen »Banjh« genannt wird. Dieser Baum ist wichtig für die Aufrechterhaltung des ökologischen Gleichgewichts, da er in der Trockenzeit die im Boden verbliebene Feuchtigkeit speichert und die Erde mit fruchtbarem Humus versorgt. Auch in der Volkskultur spielt er eine Rolle. In traditionellen Musikstücken und Kindergeschichten werden häufig seine elegante Gestalt und seine Tugenden gerühmt. In den letzten Jahrzehnten ist der Bestand dieser Eichen durch Abholzung zurückgegangen. Das hat dem ökologischen Gleichgewicht ebenso

geschadet wie dem Gefühl der Harmonie, das die einheimischen Kulturen mit ihrer bewaldeten Umgebung verband. Als Reaktion darauf entstand die vor allem von Frauen und Kindern getragene Chipko-Bewegung: Die Betroffenen leisteten den Waldarbeitern Widerstand, indem sie die Bäume umarmten.
Weiter im Osten, im Grenzgebiet von Indien, Bhutan, Tibet und Birma, kommt die Bindung traditioneller Gesellschaften an die Natur auf andere Weise zum Ausdruck. Die Apatani, die im indischen Bundesstaat Arunachal Pradesh zu Hause sind, leben einerseits vom Reisanbau, den sie hoch kultiviert haben, unterhalten andererseits aber auch einen sehr dichten Wald, der ihnen die Ressourcen für handwerkliche Tätigkeiten liefert. Zudem pflegen sie ambivalente Beziehungen zu ihren Nachbarn. Damit die jungen Frauen nicht von Männern anderer Stämme entführt werden, werden sie in der Pubertät tätowiert, und ihre Nasenflügel werden mit zwei großen Scheiben aus geschwärztem Peddigrohr geschmückt. Zugleich organisieren die Apatani jedes Jahr ein langes Frühlingsfest, das Stämme aus der ganzen Region anzieht und bei dem »Binii Anjin« – zeremonielle Freundschaften – gepflegt werden. Dabei geht es um den Frieden und das harmonische Miteinander der Völker. Doch es geht auch um Solidaritätsbekundungen angesichts von Naturkatastrophen wie den großen Waldbränden, die die Region von Zeit zu Zeit heimsuchen. Die Kinder der Apatani wachsen also mit einem Gefühl kultureller Einzigartigkeit auf, die an ihren Lebensraum und an den Gedanken einer ökologischen Solidarität mit den Nachbarvölkern gebunden ist.

Die Auswirkungen der modernen Welt

Für Kinder traditioneller Bergkulturen ist das Leben schwierig. So eng die sozialen Bindungen auch sein mögen und so stark die spirituellen Beziehungen zur natürlichen Umwelt – sie können nicht verhindern, dass immer wieder Gefahren und Hunger drohen. Die Öffnung gegenüber der modernen Welt hat nicht viel zur Verbesserung dieser Situation beigetragen, zumindest auf kurze Sicht. In den Entwicklungsländern sind Frauen und Kinder als Erste von den Auswirkungen der Modernisierung betroffen. Die industrielle Ausbeutung natürlicher Ressourcen zerstört den Glauben und die traditionellen Bräuche, bringt aber keine eklatanten Vorteile. Die Männer lassen sich von neuen Stellen oder dem Arbeitsmarkt in den Nachbarstädten ködern, die dank neuer Straßen plötzlich zugänglich sind. Feld- und Hausarbeit bleibt mehr als je zuvor den Frauen und Mädchen überlassen.
Viele Himalaya-Kulturen haben solche Umwälzungen erlebt. Der Bau von Staudämmen, die Ausbeutung von Minen und Wäldern, militärische Operationen und der Tourismus haben das Lebensumfeld und die Landschaften, die einheimische Bevölkerung und das soziale Umfeld der Kinder stark verändert. Die Väter sind weg, und die Mütter haben die Erfahrung gemacht, dass die tägliche Arbeit zu einer immer stärkeren Belastung geworden ist. Die Moderne hat die Bindung an kulturelle Werte gelockert. So haben die Apatani-Mädchen, die mit modernen Schönheitsidealen vertraut sind, begonnen, sich gegen die rituelle Tätowierung zu wehren. Ihre Mütter verstehen das nicht und sehen sich erneut von Nachbarstämmen bedroht. Die neue Weltoffenheit hat dazu beigetragen, dass die Kinder der Berge eine andere Haltung gegenüber den Traditionen einnehmen und deren Hüter sich infrage stellen.
Obwohl die Modernisierung der Bergvölker vor allen Dingen neue Schwierigkeiten nach sich zieht, haben sich die Lebensbedingungen mancher Ethnien tatsächlich verbessert – etwa der Sherpas in der nepalesischen Region Khumbu. Dank ihrer Entschlusskraft und ihrer Anpassungsfähigkeit ist es ihnen gelungen, Profit aus dem Himalaya-Tourismus zu ziehen. Viele Männer, Frauen und Kinder haben eine zusätzliche Einnahmequelle und sogar gesellschaftliche Anerkennung gefunden. Der Kontakt mit den Touristen und die ökonomischen Veränderungen, die daraus resultierten, haben die lokalen Traditionen, die kollektiven Identitäten und die sozialen Bindungen zwischen den Geschlechtern und Generationen gestärkt und nicht etwa geschwächt. Für die Kinder der Berge ist die Modernisierung eine Herausforderung. Sie eröffnet ihnen neue Möglichkeiten, und manche von ihnen ergreifen sie. Doch die meisten sind auf Veränderungen nicht vorbereitet. Sie zahlen den höchsten Preis: die Schwächung sozialer Bindungen, des familiären Zusammenhalts und kultureller Werte.

➨ Für ein großes religiöses Maskenfest, das jedes Jahr im August stattfindet und alle Lebewesen miteinander versöhnen soll, hat dieser kleine Mönch aus dem Kloster Taktak in Ladakh seinen schönsten Staat angelegt. Die Mönche stellen zu diesem Anlass ein riesiges Rollbild aus, das sogenannte *thangka*, das den Begründer des tantrischen tibetischen Buddhismus Padmasambhava – oft auch Guru Rinpoche genannt – zeigt. Taktak liegt in der Nähe des Dorfes Sakti im östlichen Teil der Stadt Leh über dem Indus-Tal und wurde im 14. Jahrhundert über einer Grotte errichtet, in der noch Spuren alter Malereien zu sehen sind. In Ladakh ist es gang und gäbe, einen Jungen aus der Familie ins Kloster zu schicken.

▲ Diese junge Mutter und ihre Tochter gehören zum Volk der Ngolok, das in der Region Amdo im Osten Tibets zu Hause ist. Die Ngolok-Nomaden leben in Zelten aus Yakwolle auf einem mehr als 4000 Meter hohen Plateau in einem Gebiet, in dem Seen und Berge einander die Show stehlen. Sie standen stets in dem Ruf, besonders kampflustig zu sein. Auch sind sie fromme Buddhisten und bekräftigen ihren Glauben durch das traditionelle rituelle Umrunden ihres heiligen Berges Amnye Machen – die *khora*. Dieser Berg dominiert mit mehr als 6000 Meter Höhe eine trockene Hochebene. Der Messfehler eines amerikanischen Fliegers nährte eine Zeit lang den Glauben, der Amnye Machen sei der höchste Berg der Welt.

► Das nepalesische Sherpa-Dorf Khumjung liegt im Khumbu-Tal an den Ausläufern des Mount Everest. Ein wenig abseits von der großen Trekkingroute kauert es sich auf 4000 Meter Höhe an den Fuß des heiligen Berges Khumbi Yul Lha und konnte seinen ursprünglichen Charakter weitgehend bewahren. Die Einheimischen, wie diese Großmutter und ihre Enkelin, leben in Häusern aus Stein und Holz. Manche von ihnen wurden in Unterkünfte für Touristen umgewandelt, die meisten jedoch sind Bauernhöfe geblieben. Das Vieh ist im Erdgeschoss untergebracht, die Hauptwohnräume befinden sich im ersten Stock. Kaum ein Haus besitzt einen Kamin, der Rauch zieht einfach durchs Dach ab, und es heißt, er vertreibe böse Geister. In Khumjung pflanzt man Kartoffeln und trinkt gesalzenen Tee. Lasten werden auf Yaks transportiert, etwa wenn es samstags nach Namche Bazar – den Hauptort der Sherpas der Khumbu-Region – auf den Markt geht.

Wann hört man in einem Land wie Zanskar auf, ein Kind zu sein? Dieses ehemalige kleine Himalaya-Königreich in Ladakh im indischen Bundesstaat Jammu und Kaschmir besteht aus einer Reihe von 3600 bis 4400 Meter hohen Tälern. Es ist eine ganz andere Welt als das 900 Kilometer weit entfernte Delhi. Die etwa 15 000 Einwohner sind Buddhisten und leben unter schwierigsten Bedingungen: Es gibt weder Bäume noch Obst, und im Winter sind sie vollständig von der Außenwelt abgeschnitten. Das benachbarte Ladakh ist dann nur über einen zugefrorenen Fluss namens Tchadar zu erreichen. Je nach Zustand des Eises braucht man acht bis zwanzig Tage, um die ungefähr 150 Kilometer lange Strecke zu bewältigen. Es ist ein gefährliches Unterfangen: Die Reisenden schlafen in Höhlen, verbrennen Yak-Mist, um sich zu wärmen, und mischen Salz und ranzige Butter in ihren Tee. Diese Butter wird monatelang in Ziegenmägen konserviert. Es gibt keinen Grund, Kind zu bleiben!

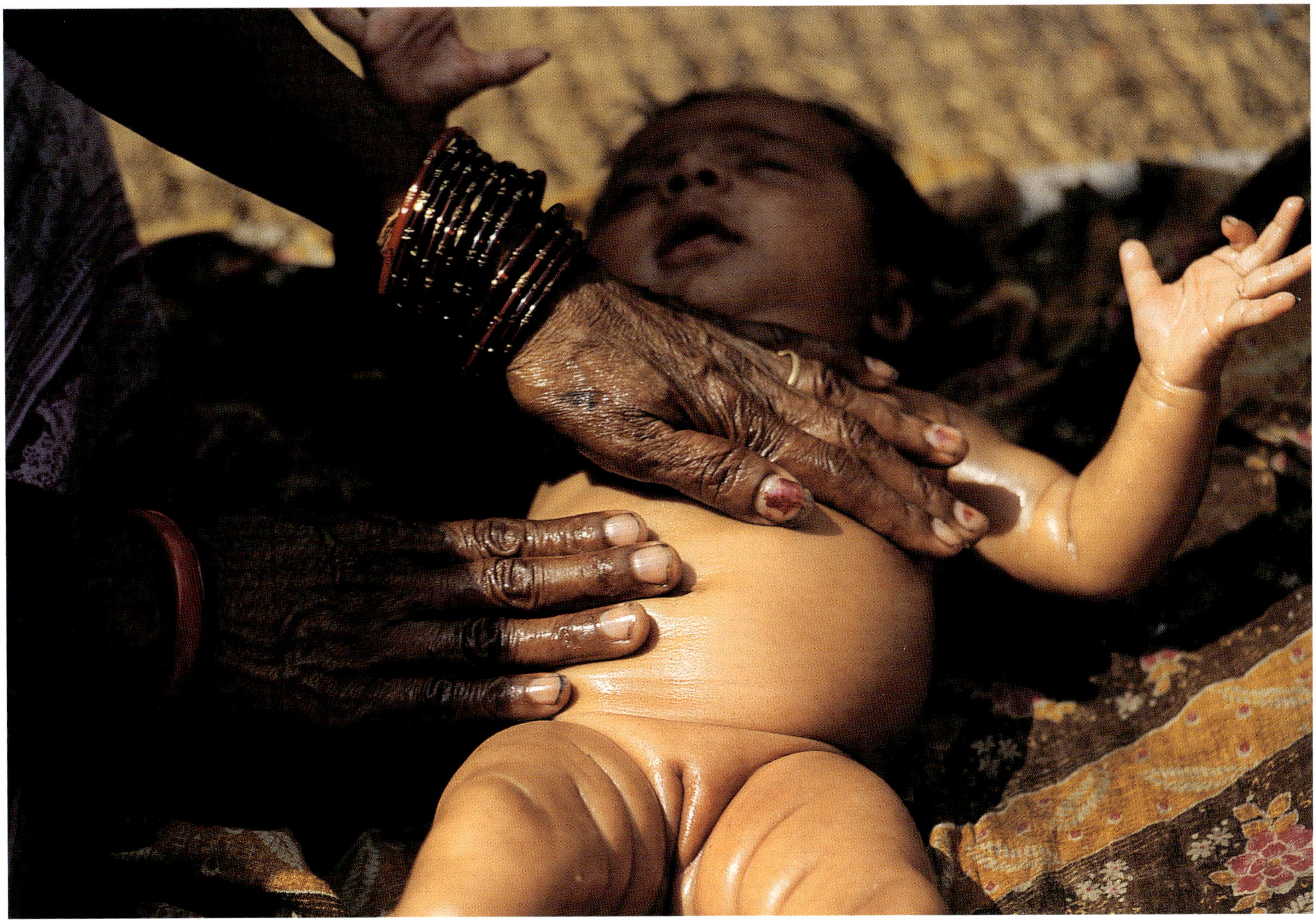

Diese Szene ereignete sich auf einer Straße von Bhaktapur in der Nähe der nepalesischen Hauptstadt Kathmandu. Bhaktapur liegt 1300 Meter über dem Meeresspiegel und damit nicht besonders hoch. Hügel und Reisfelder prägen die Landschaft. In der Monsunzeit zwischen Mai und September ist es in dieser Region sehr heiß und sehr feucht. Massage gehört dort zum Alltag, und die Mütter verbringen viele Stunden damit, ihre Babys, die sie zuvor mit (parfümiertem) Öl eingerieben haben, zu massieren. Der Begründer der »sanften Geburt«, der französische Arzt Frédérick Leboyer, machte die Babymassage, die in Indien *shantala* genannt wird, durch sein Buch *Sanfte Hände* auch im Westen populär.

🌢 Der Kinderwagen dieses kleinen Russen ist am Auseinanderfallen, wie so vieles in seiner Heimat. Wie viele Kinder erreichen in einem solchen Landstrich überhaupt das Erwachsenenalter? Manche Regionen sind vom Schicksal so benachteiligt, dass die Kindheit einer tödlichen Krankheit gleichen kann. Kälte, mangelnder Komfort und Krankheiten sind das tägliche Los vieler Bergkinder. Was sie mit allen anderen Kindern der Welt teilen, ist die Liebe zu ihren Eltern. Eine Liebe, die sich auf tausendfache Weise ausdrückt, doch stets mit einer namenlosen Kraft, ob man in Sibirien, der Mongolei, in Tibet, Usbekistan oder Kirgisien lebt …

➡ Wie ernst er dreinblickt, dieser kleine marokkanische Berber-Nomade vom Stamm der Aït Atta. In eine Wolldecke gehüllt, thront er auf einem Esel, der außer ihm noch den gesamten Hausrat zu tragen scheint. Zu klein, um zu laufen, und zu schwer, um noch von der Mutter getragen zu werden, bewältigt der kleine Junge den »Almauftrieb« auf seine Weise. Jedes Jahr kurz vor dem ersten Juni ziehen die Aït Atta aus dem heißen Südmarokko in die kühlen Bergregionen des zentralen Hohen Atlas hinauf, um auf rund 2000 Meter Höhe im Tal von Aït Bouguemez in der Nähe des Izourar-Sees den Sommer zu verbringen. Im Winter ziehen sie in die milderen Regionen des Djebel Saghro hinab. In den 1930er Jahren wehrten sich die Aït Atta erbittert gegen die französischen »Pazifizierungs«-Maßnahmen.

Eine Familie auf dem Markt von Huaraz, dem Chamonix Perus. Man erreicht die 3600 Meter hoch gelegene Hauptstadt der Region Ancash am Fuß der Cordillera Blanca und der Cordillera Huayhuash von Lima aus in acht Stunden mit dem Bus. Sie hat mehr als 80 000 Einwohner und ist das Ziel zahlreicher Alpinisten und Wanderer, die von dort aus zu den Giganten Perus, dem Nevado Huascarán (6768 Meter) oder dem über 6600 Meter hohen Yerupaja, aufbrechen. In Huaraz findet ein großer Markt statt, auf dem die Indianer Webereien und Gemüse verkaufen und ihre Dienste als Wanderführer anbieten. Manche gehen auch einfach in das Thermalbad von Monterrey. 1970 wurde Huaraz bei einem Erdbeben fast komplett zerstört, anschließend aber wieder vollständig aufgebaut.

Vom Eingang seiner Jurte aus beobachtet diese kleine neugierige Kirgisin den Aufbruch der Herden. Ihre Eltern züchten Pferde und Schafe. Fachleuten zufolge unterscheidet sich die kirgisische Jurte (*bosuy*) durch ihre eher ovale Form von der mongolischen Variante. Der Rahmen besteht aus Holz, die Abdeckung aus Wollfilz. Jurte und Pferd sind die Freiheitssymbole Kirgisiens; eine stilisierte Jurte findet sich sogar auf der kirgisischen Nationalflagge. Brauch und Etikette schreiben vor, dass die linke Hälfte einer Jurte den Männern, die rechte den Frauen vorbehalten ist. Jeden Morgen wird die aus einfachen Filzdecken bestehende Bettwäsche zusammengefaltet und weggeräumt. Neben dem Ofen thront der Samowar, in dem heißes Wasser für den Tee bereitet wird.

◄ Vanoise war der erste Nationalpark Frankreichs. Seit seiner Gründung sind Tiere, Blumen, Schnee und Felsen unter Schutz gestellt. Und was wurde aus den Menschen? Diese kleinen Mädchen, wahrscheinlich Urlauberinnen, spielen in einem Dorf innerhalb des Parks zwischen aufgehängter Wäsche vor den Giganten aus Fels und Eis, die ihren Horizont begrenzen. Wie alle ländlichen Gegenden sind auch die französischen Berge zunehmend von der Landflucht betroffen, und die Maßnahmen zur Rettung der wilden Natur haben dazu geführt, dass die Kultur verkümmert. An ihre Stelle tritt oft die Folklore; das Land, das früher bewirtschaftet wurde, versteppt von Jahr zu Jahr mehr.
Die Berge sind zu einem Lebensraum zweiter Wahl geworden, zu einem Spielball der Interessen, einem Ort der inneren Sammlung oder des Konsums. Wird das für immer so bleiben, oder werden die Kinder von heute klug genug sein, diesem einstigen Hort der Freiheit wieder zu seinem Recht zu verhelfen?

▲ 2005 reiste der Fotograf Frederic Lecloux durch Europa und Asien. Dabei traf er Hunderte von Menschen, die ihm zu verstehen halfen, was die »Erfahrung der Welt« bedeutet, die der Schweizer Reisende und Kultautor Nicolas Bouvier in seinem gleichnamigen Buch beschworen hat. Diese kleine serbische Roma, deren Familie nach dem Krieg von 1999 aus dem Kosovo vertrieben wurde, lebt nun am Rand der serbischen Kleinstadt Vranje. Die Roma – eine ursprünglich aus Indien stammende Volksgruppe, die ab dem 10. Jahrhundert nach Europa einwanderte – haben es nicht leicht in einem Land, das ihnen keine Sympathie entgegenbringt. Vor dem Krieg lebten 45 000 von ihnen im Kosovo, heute sind es nur noch etwa 10 000. Oft hausen sie unter schlechten hygienischen Verhältnissen in Ghettos am Stadtrand, in denen die Tuberkulose grassiert. Viele Roma haben nur eine geringe Schulbildung und die meisten Erwachsenen sind arbeitslos.

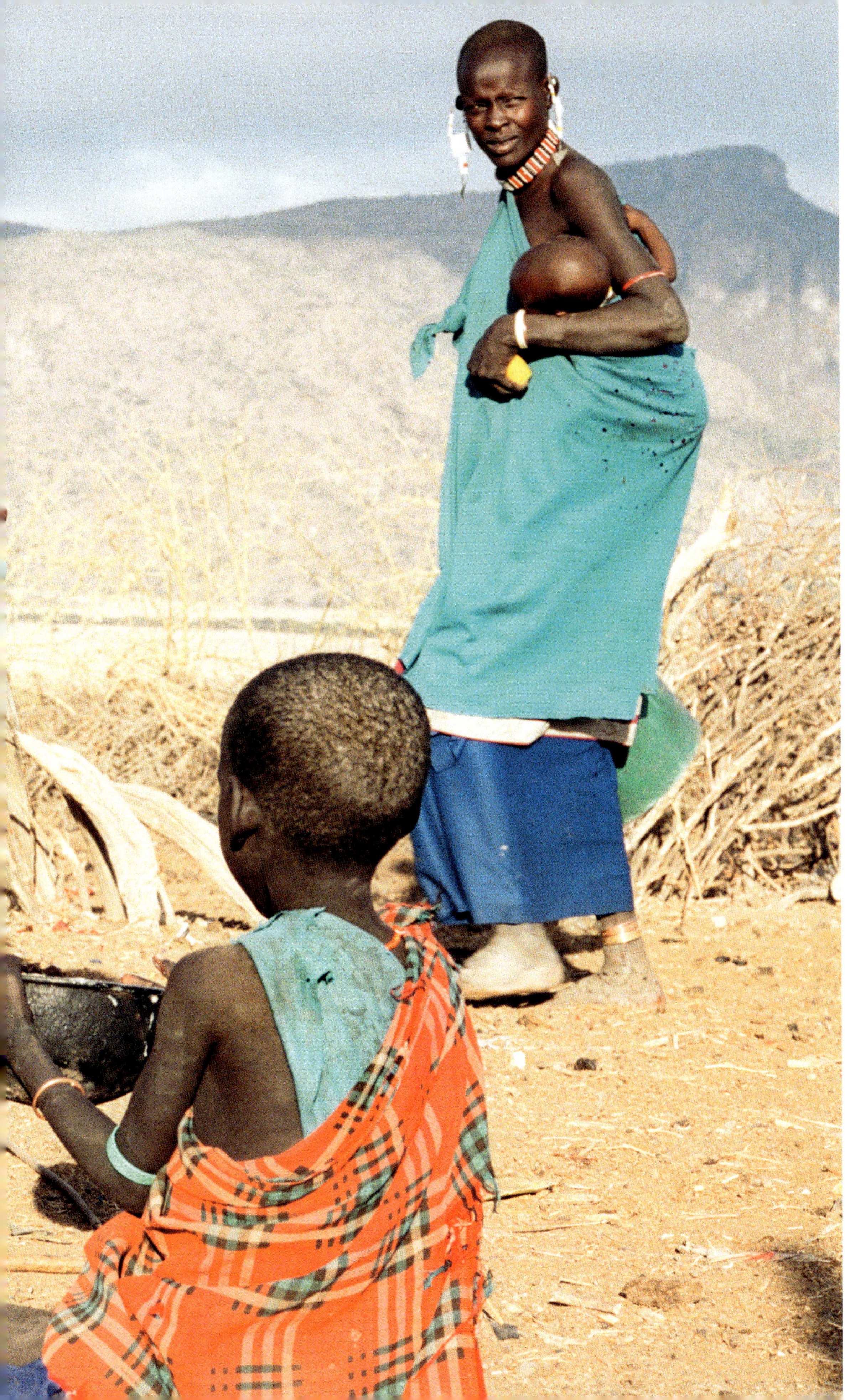

◄ Der Ngorongoro-Krater (eine Caldera von 20 Kilometer Durchmesser) in Afrika ist ein beliebtes Ziel für Tiersafaris. Oft vergisst man, dass dieses Gebiet, das zum Schutz der afrikanischen Tierwelt zum Biosphärenreservat erklärt wurde, auch der Lebensraum von rund 40 000 Massai ist. Diese halbnomadischen Viehzüchter leben in Dörfern (*boma*) aus kleinen Rundhütten. Die Maßnahmen, die zum Schutz der Natur ergriffen wurden, sind für sie von Nachteil, denn sie können ihr Vieh nicht weiden oder herumlaufen lassen, wie und wo es ihnen beliebt. Der Ngorongoro liegt im Nordosten Tansanias im östlichen Ast des Großen Afrikanischen Grabenbruchs, in dem man die Reste der ältesten Hominiden gefunden hat.

▲ Ladakh ist das Land der Yaks und Kaschmirziegen, die sehr weiche, feine Wolle liefern. Die Einwohner praktizieren den tantrischen Buddhismus und legen – wie dieser Vater und sein Sohn – ihr Schicksal in die Hände des *Ompo*, eines Astrologen, der unter anderem bestimmt, welche Art von Schmuck und Schmucksteinen ein Kind nach seiner Geburt tragen darf. Mineralien und Heilkräuter sind ein grundlegender Bestandteil der tibetischen Medizin. Das erklärt auch, warum es so wichtig ist, sich mit heilbringenden Steinen zu schmücken. Ihren Vornamen erhalten Kinder von einem Lama. Bis dieser sich geäußert hat, haben sie nur einen Kosenamen.

► Einige paar bunte Bänder im Haar, ein Ohrring aus Yakwolle, eine Baumwolltunika – das reicht, um ein kleines Mädchen wie diese Tamang aus der Region Langtang im Zentrum Nepals herauszuputzen. Die Tamang, enge Verwandte der Tibeter und der Sherpas, leben in der Nähe der tibetischen Grenze im Hochgebirge der Region Ganesh Himal. Manche von ihnen praktizieren noch die Bön-Religion, die vor der Einführung des Buddhismus in Tibet vorherrschte. Alle hingegen leisten ihren Beitrag zur generationenübergreifenden gegenseitigen Unterstützung, und seine kleine Schwester zu tragen, die noch nicht gut laufen kann, ist weder eine Heldentat noch eine Laune: Es ist die Norm! Die Zahl der Zwangsheiraten ist rückläufig, dennoch kommt es vor, dass ganz junge Mädchen verlobt werden, und manchmal heiratet eine Frau zwei Brüder …

Tondup, ein junger Mann aus dem ladhakischen Nubra-Tal, sitzt stolz auf seinem Pferd. Er führt eine Herde Yaks über den verschneiten, etwa 5200 Meter hohen Wori-La-Pass, denn er ist unterwegs zum Losar-Fest, dem tibetischen Neujahrsfest. Yaks sind in diesen Höhenlagen Gold wert: Da ihr Herz sehr langsam schlägt, können ihnen auch extreme Minusgrade nichts anhaben. Aus ihrem Fell wird Wolle für Kleidung, Zeltplanen und Seile gewonnen, aus ihrer Milch Butter und Käse hergestellt. Yakfleisch steht eher selten auf dem Speiseplan. In den tiefer gelegenen Tälern halten die Bauern *dzos* – eine Kreuzung zwischen Yak und Hausrind.

Auf einem Motorrad ist Platz für eine ganze afghanische Familie. Wir befinden uns in Kabul, der Hauptstadt Afghanistans, die nach dem Sturz des Taliban-Regimes 2001 von der Nordallianz kontrolliert wird. Kabul mit seinen drei Millionen Einwohnern liegt in einem 1765 Meter hohen Tal, das von über 2000 Meter hohen Bergen dominiert wird: dem Koh-e-Asmai und dem Koh-e-Sher-Darwaza. Die Frauen sind verschleiert. Die Taliban zwangen sie zum Tragen der *burka*, eines Ganzkörperschleiers, der das Gesicht hinter einem Stoffgitter verbirgt. In seinem Roman *Der Drachenläufer* schildert Khaled Hosseini die Geschichte einer Generation, die von einer behüteten Kindheit in einen schmutzigen Krieg katapultiert wurde, auf wunderbar lebendige Weise.

Für den Iran sind diese Frauen ungewöhnlich farbenfroh gekleidet. Sie gehören zum Nomadenvolk der Gashgai, das in der Nähe des Zagros-Gebirges in der Provinz Fars lebt. Wenn der Winter kommt, treiben die Gashgai ihre Ziegen- und Schafherden, die im Sommer auf Hochweiden nördlich von Schiraz weiden, in die milderen Täler südlich von Isfahan hinab. Diese Ethnie, die eine dem Türkischen verwandte indoeuropäische Sprache spricht, ist heute nur noch eine sehr kleine Minderheit von schätzungsweise einer Million Personen. Im Westen sind die Gashgai, die mehr und mehr zur Sesshaftigkeit gezwungen werden, vor allem für ihre außergewöhnlichen und sehr begehrten Kelim-Teppiche bekannt.

Für diese beiden Mädchen aus Valdigne im Westen des italienischen Aosta-Tals ist ein Festtag angebrochen: Zum Badoche-Fest zu Ehren des heiligen Kassians, des Schutzpatrons der Lehrer, haben sie ihre traditionelle Tracht angezogen. Sie stammen aus der 32 Ortsteile umfassenden Gemeinde La Salle und leben in einer der großartigsten alpinen Kulissen überhaupt. Die Häuser staffeln sich zwischen 900 und 1630 Meter Höhe an den mit Reben bepflanzten Südhängen. Zwei über 3000 Meter hohe Berge dominieren dieses heitere Tal: die Grande Rochère und der Mont Paramont. Es heißt, das Gebiet des Valdigne reiche von den Ufern der Doire Baltée bis zum Gipfel des Montblanc. Fünf Gemeinden schmiegen sich in die Täler: Courmayeur, La Thuile, Morgex, Pré-Saint-Didier und La Salle.

In Birma leben an die 135 Ethnien, 35 davon im Shan-Staat. Diese Frau ist in den Bergen bei Kyaing Tung in der Gegend des etwa 1300 Meter hoch gelegenen Ortes Kalaw zu Hause. Sie trägt einen roten *longhi*, dessen Taille mit Ringen aus Bambus und einem Silbergürtel zusammengehalten wird, und ein verziertes schwarzes Oberteil – die traditionelle Tracht der Palaung, die als Birmas Urbevölkerung gelten. Sie leben von der Landwirtschaft, roden ihre Felder mit Feuer und pflanzen Tee und *Cheroot* an, dessen Blätter zur Herstellung der kleinen grünen birmanischen Cheroot-Zigarren verwendet werden. Viele von ihnen haben Goldzähne oder sie haben ihr Gebiss mit Halbedelsteinen verschönert.

▲ Wie leicht oder schwer ist das Leben für ein Kind aus Bhutan im 21. Jahrhundert? Dieses kleine Königreich, das kaum so groß ist wie die Schweiz, hat nur 800 000 Einwohner. Das Nord-Süd-Gefälle beträgt auf den rund 150 Kilometern Luftlinie zwischen den Grenzen etwa 7000 Meter: vom 7300 Meter hohen Chomolhari, dem höchsten Berg Bhutans, bis zum 300 Meter hoch gelegenen Assam-Tal. Bhutan ist ein buddhistisches Land mit konstitutioneller Monarchie. Anfang der 1970er Jahre erregte der ehemalige König Jigme Singye Wangchuck mit seiner Äußerung »Ich interessiere mich mehr für das Bruttosozialglück als für das Bruttosozialprodukt« weltweit Aufsehen. Heute öffnet sich das lange Zeit vom Westen isolierte Königreich allmählich einem sanften Tourismus, doch 200 Dollar Taxe pro Tag dämpfen den Enthusiasmus vieler Reisender. Modernisierungsmaßnahmen werden sehr vorsichtig und mit Rücksicht auf die Umwelt durchgeführt. Die Ökologie ist ein Schlüsselbegriff der bhutanischen Verfassung.

► Welch prachtvollen Schmuck trägt diese junge Frau aus der Region Kham im Osten Tibets! Zum Yagi-Fest hat sie ein wunderschönes vergoldetes Amulett (*gau*) angelegt, dazu viele Korallen (*churu*), Bernsteinkugeln, einige Türkise (*yu*) und schwarz-weiße Achate (*dzi-stones*). Letzteren werden Schutzkräfte nachgesagt. »Echte« *dzi-stones* bleiben in der Familie; sie sind ein kleines Vermögen wert. Das Collier des Mädchens besteht aus 108 Perlen (108 ist eine magische Zahl!), und das Amulett ist mit buddhistischen Glückssymbolen geschmückt: Muschelhörnern, Fischen, Schirmen, endlosen Knoten, Dharma-Rädern ... Dieser Schmuck wird von Generation zu Generation weitergegeben und ist häufig Teil der Mitgift.

◄ Ein Papua-Kind verträumt die Zeit in einem bunten *bilum*. Diese traditionellen Tragenetze stellen Frauen insbesondere in den Hochlagen Papua-Neuguineas (Provinz Southern Highlands) aus Rinde her. Papua-Neuguinea ist der östliche Teil der Insel Neuguinea, deren Westhälfte zu Indonesien gehört. Es gibt mehr als sechshundert Papua-Sprachen. Den Papua-Völkern droht die kulturelle Auslöschung durch Christianisierung, Kolonialismus und Kapitalismus. Der Fotograf Marc Dozier, dem diese Aufnahme zu verdanken ist, hatte eine außergewöhnliche Idee: Er lud zwei Papuas zu einer »Feldforschung« unter umgekehrten Vorzeichen nach Europa ein. Ihre von keinerlei Zugeständnissen getrübten Beobachtungen erwiesen sich als erstaunlich brisant.

▲ Huli aus Kobe Dumbiali in der Provinz Southern Highlands bereiten Süßkartoffeln zu. Da die Männer dieses Papua-Stammes sich mit einer Kopfbedeckung aus Haaren und Federn schmücken, werden die Huli häufig auch »Perückenmänner« genannt. Sie ernähren sich hauptsächlich von Taro (Wasserbrotwurzeln), Jamswurzeln und Süßkartoffeln, deren Anbau den Frauen obliegt. Dazu kommt zu Mehl verarbeiteter Sago, der aus dem Mark der Sagopalme gewonnen wird. Zwischen Männern und Frauen herrscht eine sehr differenzierte Arbeitsteilung. 1955 hatten die Huli zum ersten Mal Kontakt mit Weißen. Vor allem die auffälligen Penisfutterale der Papua haben die Fantasie westlicher Touristen angeregt.

Lernen
fürs Leben

➡ Sir Edmund Hillary und Sherpa Tenzing Norgay erreichten im Mai 1953 als erste Menschen den Gipfel des Mount Everest (8848 Meter), des höchsten Berges der Welt. Dieses Schulkind, das in der nepalesischen Region Khumbu am Fuß dieses Giganten lebt, kann dank dem 1960 gegründeten Himalayan Trust, einer Stiftung Edmund Hillarys, zur Schule gehen. Hillary unterstützte die Nepalesen, vor allem die Sherpas, bis zu seinem Tod im Jahr 2008. Bis heute hat seine Stiftung den Bau von 27 Schulen, zwei Krankenhäusern und einem Dutzend medizinischer Ambulanzen finanziert.

Es ist seit langem bekannt, dass der Schlüssel zu ökonomischer Entwicklung und zu sozialem Fortschritt in der Bildung liegt. Die internationalen Organisationen erinnern ohne Unterlass daran: »Alle Kinder – insbesondere Mädchen, Kinder in schwierigen Lebensumständen und Kinder von ethnischen Minderheiten – sollen Zugang zu kostenloser, verpflichtender und qualifizierter Grundschulbildung erhalten. Es soll sichergestellt werden, dass junge Menschen und Erwachsene ihren Lernbedürfnissen entsprechenden Zugang zu Lernangeboten und Ausbildung von Basisqualifikationen haben. (...) Ein gerechter Zugang zu Grund- und Weiterbildung für alle Erwachsenen soll erreicht werden.« (Weltbildungsforum Dakar, April 2000) Doch die Wirklichkeit sieht oft anders aus. In den Bergregionen werden die Kontraste besonders deutlich, wie sich beispielsweise anhand der Schulgebäude zeigen lässt. Wie leicht verfällt man in Tirol dem Charme von alten, dunklen Holzhäusern, die im Winter mollig warm sind und im Sommer Blumenschmuck vor den Fenstern haben! Auch moderne, lichtdurchflutete Schulgebäude gibt es in den Alpen – genauso wie in Japan und in den Rocky Mountains. Auf der Südhalbkugel hingegen bestehen Schulen – sofern es überhaupt welche gibt – oft nur aus vier Wänden und ein paar Tischen, und oft haben sie weniger Bücher als Schüler.

Bildung statt Armut

Der Gegenspieler der Bergschulen ist ganz offensichtlich die Armut. Wenn das Einkommen nicht ausreicht, um die Familie zu ernähren, müssen die Kinder ihren Teil dazu beitragen – auf Kosten ihrer Ausbildung. Ist der materielle Wohlstand nicht gesichert, wird Bildung zum Luxus. Viele Schulen haben ihre Unterrichtszeiten dem Rhythmus der Jahreszeiten, der in den Bergregionen so ausgeprägt ist, und den Rhythmen der Feldarbeit angepasst. Im 19. Jahrhundert wurde in den europäischen Gebirgsregionen nur im Winter unterrichtet, wenn es draußen nichts zu tun gab. Frühjahr und Sommer verbrachten alle verfügbaren Arbeitskräfte, manchmal sogar die Lehrer, auf dem Feld. Lange Winter haben Generationen von Kindern eine überdurchschnittlich gute Schulbildung ermöglicht. Inzwischen hat sich dieser traditionelle Rhythmus mit neuen Arbeitsbedingungen, Familienstrukturen und Institutionen gewandelt. Dies gilt allerdings nur für die reicheren Länder. In Nepal und in Bolivien fehlt beispielsweise während der Erntezeit auch heute noch die Hälfte der Kinder in der Schule.

Das öffentliche Schulsystem hat noch einen weiteren Konkurrenten: die Religion. Natürlich trägt die Unterweisung in den heiligen Schriften zur Bildung und Sozialisierung junger Menschen bei. Doch der Unterricht vermittelt Inhalte, die einen ganz anderen Zweck verfolgen und einen ganz anderen gesellschaftlichen Nutzen bringen. In vielen Regionen der Welt laufen konfessionelle Schulen den öffentlichen Schulen den Rang ab. Allein in der kirgisischen Stadt Jalal-Abad kommen auf 76 Moscheen und Koranschulen ganze 22 öffentliche Schulen. Immer mehr Kinder schwänzen freitags die Schule, um am Gottesdienst teilzunehmen. In vielen muslimisch geprägten Regionen steht die Lektüre des göttlichen Korans höher im Kurs als die Lektüre von Schulbüchern, die schließlich nur Menschenwerk sind.

Wenn Arbeit, Familie und Religion die Schule ausbooten, bleiben die Mädchen als Erste auf der Strecke. Sie müssen mehr Feldarbeit verrichten als die Jungen, werden im Haushalt eingespannt und

Diese Schülerinnen, nach englischem Vorbild einheitlich gekleidet, leben in der Hochgebirgsregion Kaschmir. Der ehemalige Fürstenstaat wurde am Ende des Indisch-Pakistanischen Kriegs (1947–1949) geteilt: Der südliche Teil gehört seitdem zu Indien (Jammu und Kaschmir), der nördliche zu Pakistan (Gilgit-Baltistan). 1962 annektierte China die Region Aksai Chin. Kaschmir war und ist ein militärischer Krisenherd: Bis heute kommt es an der Grenze zwischen Indien und Pakistan in unmittelbarer Nähe des Siachen-Gletschers immer wieder zu Auseinandersetzungen. 2005 starben in Kaschmir bei einem Erdbeben der Stärke 7,3 mehrere Zehntausend Menschen. Mindestens eine Million wurde obdachlos.

sind für die Beaufsichtigung kleinerer Brüder und Schwestern zuständig. Von daher sind anders lautende Empfehlungen der internationalen Organisationen und Nichtregierungsorganisationen von besonders großer Bedeutung, selbst wenn sie oft nur auf dem Papier stehen: »Sämtliche Studien zeigen, dass es kein wirksameres entwicklungspolitisches Instrument gibt als die Bildung von Mädchen. Kein anderes politisches Mittel ist besser geeignet, zum ökonomischen Fortschritt, zur Senkung der Kinder- und Müttersterblichkeit, zur Verbesserung der Gesundheit und der Ernährung beizutragen. Kein anderes politisches Mittel ist mächtig genug, die Bildungschancen nachfolgender Generationen zu verbessern«, so der ehemalige UN-Generalsekretär Kofi Annan 2004.

Bergschulen in der Krise

Die mit Schwierigkeiten konfrontierten Bergschulen konnten immerhin mit staatlicher Unterstützung rechnen, um das Ideal der Bildungsgerechtigkeit zu verwirklichen. Frankreich zum Beispiel hat in den Bergtälern zahlreiche öffentliche Schulgebäude errichten lassen. Auch im Atlasgebirge in Marokko entstanden – sicher in bescheidenerem Rahmen – eine Reihe kleiner würfelförmiger Schulen, die in lebhaften Farben gestrichen wurden. Die kommunistischen Länder messen der staatlichen Schulbildung in den weniger zugänglichen Regionen ihrer Territorien ebenfalls die größte Bedeutung bei, nicht zuletzt aus Propagandagründen.
Doch in vielen Regionen der Welt fehlt das Geld – und manchmal auch der Wille. So hat der Zusammenbruch der Sowjetunion das Schulsystem in Zentralasien in eine beispiellose Krise gestürzt. Während die Schulbesuchsquote Anfang der 1990er Jahre durchschnittlich noch 90 Prozent betrug, ist sie inzwischen auf 68 Prozent gefallen. Bei den Mädchen ist sie in der Erntesaison und während religiöser Feste noch geringer. Das einstmals dichte Netz von Vorschulen existiert nicht mehr, und das Bildungsniveau ist drastisch gesunken: Das zeigt das Ergebnis eines Mathematiktests, den zwei Generationen kirgisischer Kinder im Abstand von vier Jahren absolvieren mussten, auf spektakuläre Weise: Bestanden 2001 noch 81 Prozent der Schüler den Test, waren es 2004 nur noch 58 Prozent. Die Gründe für diesen Niedergang liegen auf der Hand: Zum einen sind die Löhne sehr niedrig – ein usbekischer Lehrer verdient etwa sechs Dollar im Monat, das ist ein Zehntel des monatlichen Einkommens, das der Chauffeur einer Nichtregierungsorganisation erzielt. Zum anderen fehlt es an Motivation. Die ehrgeizigeren unter den jungen Leuten ergreifen einen anderen Beruf und versuchen ihr Glück in den umliegenden Städten.
In viel bescheidenerem Ausmaß sind auch die Bergschulen reicherer und begünstigterer Länder von sinkender Unterrichtsqualität bedroht. Die Landflucht, die zur Entvölkerung zahlreicher Bergregionen beiträgt, die wachsende Angst vor öffentlichen Sparmaßnahmen, manchmal sogar die Überzeugung, dass große Schulen mit Hunderten von Schülern die bessere Ausbildung bieten, haben zur Schließung zahlloser Dorfschulen geführt und die Kinder zum Pendeln verurteilt.
An Alternativen herrscht Mangel. Internationale Organisationen wie die UNESCO, UNICEF und sogar die Weltbank, Nichtregierungsorganisationen wie Oxfam und nationale Behörden wie die USAID (United States Agency for International Development) haben in den Entwicklungsländern viel Geld in die Finanzierung von Gebäuden oder in die Verbesserung der Ausbildung gesteckt. Auch Stiftungen und Mäzene wie unter anderem George Soros sind nicht untätig geblieben. Die Aga Khan Foundation hat den Bau einer Universität im tadschikischen Khorog finanziert – in der Hoffnung, in den angrenzenden Tälern eine nachhaltige Entwicklung unter Respektierung der regionalen Kulturen zu fördern. Doch die Mittel von Mäzenen und internationalen Organisationen reichen nicht, um den Bedarf zu decken. Vor allem in den allerärmsten Regionen sind Lehrer, Eltern und lokale Verantwortliche aufs Improvisieren angewiesen: Schulgebäude werden irgendwie zusammengebastelt, Stundenpläne nach Maßgabe der Jahreszeiten aufgestellt, und selbst die Bezahlung der Lehrer folgt dem Gesetz der Improvisation. In Sachen Schule sind die Bergregionen häufig Opfer ihrer Existenz am Rande der Gesellschaft. Erfindungsgabe ist ihre beste Chance, sich aus dieser Misere zu befreien.

Es ist fast ein Privileg, in Nepal zur Schule zu gehen. Diese kleine Schülerin hat gut Lachen: Sie hat Glück gehabt. In Nepal gibt es öffentliche Schulen, Privatschulen und Schulen, die von humanitären Vereinigungen getragen werden. Von den etwa 25 Millionen Nepalesen sind ca. 40 Prozent unter 15 Jahre alt, und Hunderttausende von ihnen gehen nicht zur Schule. Zwischen 1996 und 2006 tobte in diesem bitterarmen Land ein Bürgerkrieg zwischen Maoisten und Regierungstruppen, der 13 000 Todesopfer forderte. Im Mai 2008 wurde Nepal zur Republik erklärt. Die Beendigung des Konflikts dürfte dazu beitragen, dass in Zukunft wieder mehr junge Nepalesen zur Schule gehen.

Samina ist in der glücklichen Lage, die Ahmad-Schah-Massoud-Schule in Kabul besuchen zu können. Ihren Namen verdankt diese Schule dem »Löwen von Pandschir«, einer Schlüsselfigur der Mudschaheddin. Ahmad Schah Massoud organisierte den Widerstand gegen die 1979 in Afghanistan eingefallenen Russen und kämpfte später als Führer der Nordallianz gegen die Taliban. Am 9. September 2001 wurde er von zwei Selbstmordattentätern getötet. Er hatte sich auch für die Rechte der Frauen eingesetzt, die unter den Taliban mit Füßen getreten wurden. Mädchen durften während ihrer Herrschaft nicht einmal zur Schule gehen. Im Juni 2000 trafen sich auf Initiative der Organisation »Negar« etwa 300 afghanische Frauen in Tadschikistan, um die »Erklärung der Grundrechte der afghanischen Frau« zu unterzeichnen.

Die Wanquan-Grundschule in Yanshiping in der tibetischen Region Amdo verfügt nur über einen behelfsmäßigen Schlafsaal. Yanshiping liegt auf einem 4800 Meter hohen Plateau in der Nähe des türkisblauen Buqu (ein Nebenfluss des Jangtse) und des verschneiten Gela Dangdong an der Landstraße, die von Chengdu über Golmud nach Lhasa führt und inzwischen Konkurrenz von der Lhasa-Bahn bekommen hat. In dieser wahrscheinlich höchsten Schule der Welt werden 330 Schüler von zehn Lehrern unterrichtet. Nomadenkinder erhalten hier eine kostenlose Schulausbildung.

🌢 Diese junge Grundschülerin aus Baise ist über ihrem Schulheft eingeschlafen. Baise liegt in der autonomen chinesischen Provinz Guangxi Zhuang, ist von bewaldeten Bergen mit einer üppigen Flora und Fauna umgeben und lebt von der Aluminiumindustrie und seinen Wasserkraftwerken. Wir befinden uns im ländlichen China, im Gebiet der Zhuang, einer von 56 ethnischen Gruppierungen, die dieses Riesenreich bevölkern. Viele Kinder gehen nicht zur Schule, sondern müssen im Haushalt mithelfen oder in der Fabrik arbeiten. Auch in China ist Kinderarbeit bis zum 16. Lebensjahr gesetzlich verboten. Die Zahl der illegal beschäftigten Kinder, vor allem Mädchen, geht jedoch Schätzungen zufolge in die Hunderttausende.

▲ In der großen Pause gehen diese Kinder aus El Rancho an einem Hang bei ihrer Schule die Aufgaben noch einmal durch. Sie sind Nachfahren der Maya, vor allem der Stämme Mam, Jacaltec und Kanjobal. El Rancho liegt im Nordwesten Guatemalas in der Sierra de los Cuchumatanes, deren höchster Berg knapp 3900 Meter erreicht. Die etwa 1900 Meter hoch gelegene Bezirkshauptstadt Huehuetenango (aztekisch für »Ort der Ahnen«) ist mit ihren rund 9000 Einwohnern der letzte größere Ort vor der mexikanischen Grenze, an dem die Panamericana vorbeiführt. Die Bevölkerung sichert ihren Lebensunterhalt vor allem mit Handwerk und Kaffeeanbau. Zacleu in der Nähe von Huehuetenango hat sich wegen seiner Maya-Ruinen zu einem Touristenmagneten entwickelt.

► Dieses kleine Mädchen aus Ladakh besucht seinen Vater nach Schulschluss auf dem Feld. Tashi Tundup lebt etwa 120 Kilometer von der Hauptstadt Leh entfernt in der Nähe des Klosters Lamayuru auf 3450 Meter Höhe. Die Temperaturen in diesem rauen Landstrich können in den drei Wintermonaten schon einmal auf unter –40 °C sinken. Schule ist da ein echter Luxus. Oft haben die Kinder weder einen Tisch noch einen Stuhl zum Arbeiten. Lamayuru ist eines der ältesten und größten Klöster von Ladakh; es soll im 11. Jahrhundert von Meister Naropa auf einem ausgetrockneten See gegründet worden sein. In dem Komplex, der keinerlei Komfort bietet, ja nicht einmal eine Heizung besitzt, leben heute ungefähr zweihundert Mönche der Kargyupa-Schule (Rotmützen). Fünfzig davon sind Kindermönche. Die tibetischen Klöster finanzieren sich ausschließlich durch Spenden.

Die Kalasha, die einzige nichtmuslimische Volksgruppe Pakistans, leben auf mehr als 3000 Meter Höhe in drei Tälern südlich von Chitral. Diese kaum mehr als 3000 Personen starke Ethnie sieht sich seit Jahren massiven Islamisierungsversuchen ausgesetzt. In ihrem Siedlungsgebiet wurden zahlreiche Koranschulen erbaut, in denen pakistanische Muslime unterrichten. Manche dieser Schulen werden von internationalen Organisationen finanziert, die sich nicht allzu viele Gedanken über die Unterrichtsgestaltung machen. Die Kalasha teilen ihren Lebensraum mit Wakhi, Paschtunen, Gujar, Balti, Kho und Hunzakut, im Wesentlichen Schiiten, Sunniten oder Ismaeliten.

In der 3600 Meter hoch gelegenen Pipiting-Schule in Zanskar herrscht eine strenge Disziplin. Es handelt sich um eine Privatschule, die von den Mitgliedern einer Vereinigung finanziert wird. Sie soll einerseits einen modernen, hochwertigen Unterricht garantieren, andererseits aber auch dafür Sorge tragen, dass die Kinder nicht aus ihrem traditionellen Umfeld herausgerissen werden, so dass sie ihre Kultur wahren können. Zunächst wurden die Schüler von Pipiting im gleichnamigen Kloster untergebracht. Heute gibt es zwölf Klassen mit jeweils 25 Schülern. Das Schuljahr beginnt im März und endet im November. Es werden sowohl Englisch und Mathematik als auch die buddhistische Lehre – der *Dharma* – unterrichtet.

➨ Diese unglaubliche Szene ereignete sich im afghanischen Tarakhil. Japaner ließen das Gelände nach dem Ende der Taliban-Herrschaft von Minen räumen und stellten es den Einheimischen zu Unterrichtszwecken zur Verfügung. Nach Jahren des gewollten Bildungsnotstands lancierte die Regierung Karzai 2002 mit Unterstützung der UNICEF die großangelegte Bildungskampagne »Sabakh«, die es anderthalb Millionen Kindern ermöglichte, endlich wieder zur Schule zu gehen. Manche der dreitausend Schulen, die überall im Land entstanden, bestehen, wie hier, aus einfachen Zeltplanen oder Teppichen, die auf dem nackten Boden ausgebreitet werden.

Ein buddhistischer Mönch besitzt wenig mehr als eine Almosenschale, und sein Gewand unterstreicht das buddhistische Ideal der asketischen Lebensführung. Auf gewisse Weise nimmt das – meist safrangelbe, orangefarbene oder rote – Gewand dem Einzelnen auch seine Individualität. Buddhistische Mönche verpflichten sich zur Einhaltung von zweihundert Regeln, die im *Vinaya Pitaka* festgehalten sind. Mönche wie Laiengläubige gehören der buddhistischen Gemeinschaft, dem *sangha*, an. Begründer des Buddhismus ist der im 6. Jahrhundert am Fuße des Himalaya geborene Siddhartha Gautama. »Buddha« bedeutet »der Erwachte« oder »der Erleuchtete«. Jeder von uns kann Buddha werden …

In einem Kloster in Ladakh lernt ein kleiner Mönch, Mantras zu lesen. In Tibet hat sich ein eigener Zweig des Mahayana-Buddhismus entwickelt. Hochrangige Mönche werden als Lamas bezeichnet. In jedem Kloster leben nur einige Lamas inmitten zahlreicher einfacher Mönche. In Tibet ist es üblich, einen Jungen aus der Familie ins Kloster zu schicken. Er kann dort entweder sein Leben verbringen oder nach ein paar Jahren in das weltliche Dasein zurückkehren. Die Lebensbedingungen in den Klöstern (*gompa*) sind hart, aber immer noch komfortabler als jenseits der Klostermauern. Ein weiterer großer Vorteil ist, dass man im Kloster lesen und schreiben lernt.

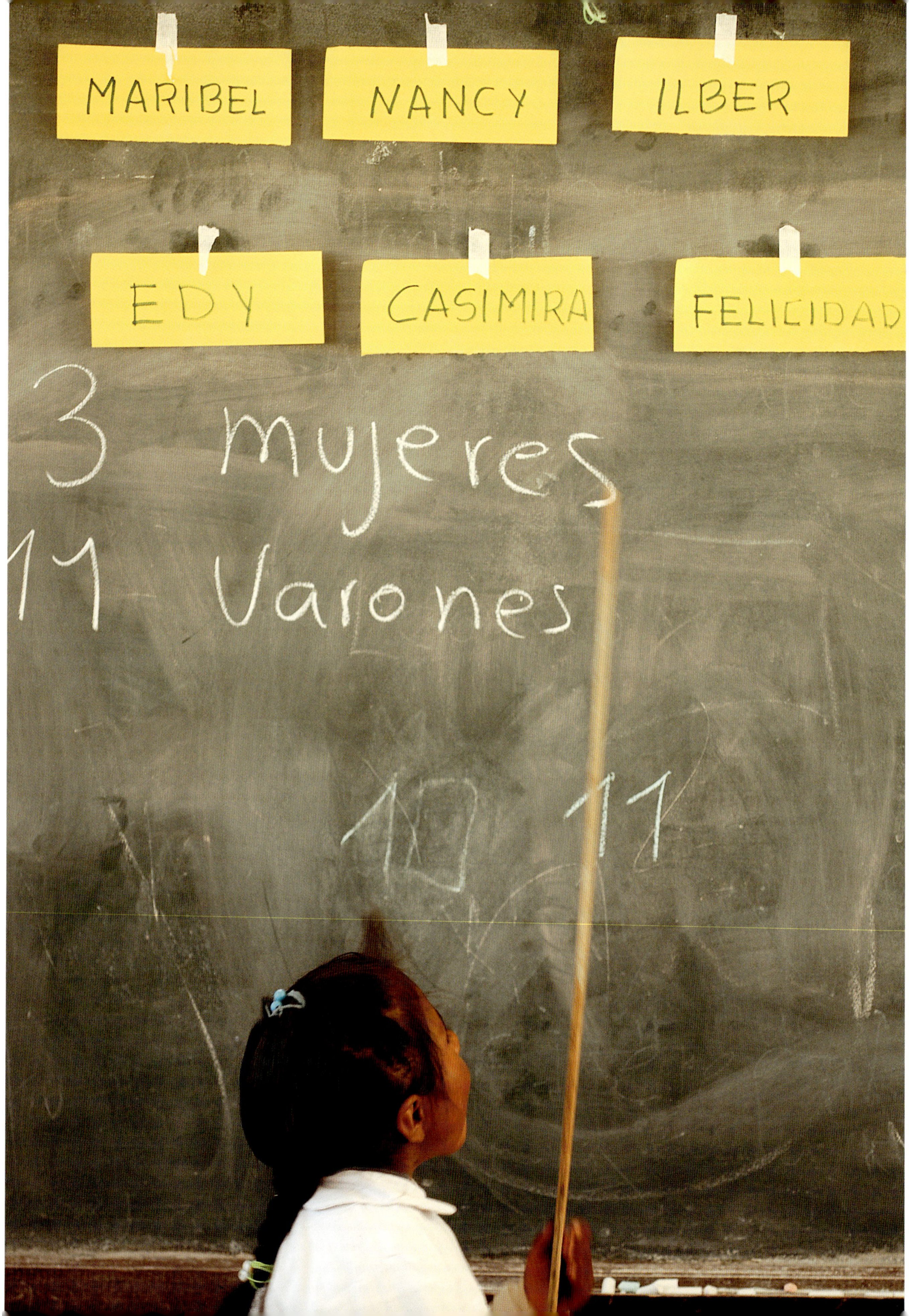
MARIBEL
NANCY
ILBER
EDY
CASIMIRA
FELICIDAD
3 mujeres
11 Varones
10
11

◄ In der Schule von Relave gibt es nur eine einzige Klasse. Diese kleine Schülerin lernt gerade, ihren Vornamen zu lesen. Relave liegt in 4000 Meter Höhe mitten in der Cordillera de Lípez in den südlichen bolivianischen Anden. Tradition und Moderne gehen in diesem kleinen Ort Hand in Hand. Die Einheimischen versuchen, ihren Kindern die bestmögliche Ausbildung zu verschaffen, pflegen aber zugleich die aus präkolumbianischer Zeit stammende Tradition der Lamakarawanen (*challa*), mit denen die *llameros* Lebensmittel in die Dörfer der Täler transportieren. Dort tauschen sie Quinoa, Salz, getrocknetes Fleisch und Tonwaren gegen Mais und Obst ein, die auf den Hochplateaus nicht gedeihen.

Im 18. Jahrhundert hatten Kinder aus dem Alpenraum es nicht zuletzt dem Winter zu verdanken, dass sie keine Analphabeten wurden. Schon damals konnten die Bauern lesen und schreiben. Da es auf dem Feld nichts zu tun gab, beschäftigten sie sich mit Holzschnitzen, gingen hausieren oder wurden Lehrer. Die Kinder verbrachten die langen Wintermonate mit Lernen. Da es noch keine Schule gab, wurde der Unterricht oft im Pfarrhaus abgehalten. Die Lehrer – häufig Wanderlehrer – trugen als Erkennungszeichen einen Hut mit einer oder mehreren Federn: Eine Feder bedeutete, dass sie Schreiben und Lesen unterrichteten, zwei Federn standen für Rechenund drei Federn für Lateinunterricht. Es galt die Devise: »Kind, lerne, wenn du klug bist, denn Wissen ist mehr wert als ein Erbe. Das Erbe zehrst du auf, doch das Wissen wird dich nähren.«

Ihre Mützen verraten, dass diese kasachischen Kinder in China leben. Sie sind in der Nähe des Mongolischen Altai zu Hause. Der höchste Berg dieses Massivs ist der 4374 Meter hohe Chüiten-Gipfel. Es liegt im Norden des Uigurischen Autonomen Gebiets Xinjiang – dem früheren Ostturkestan –, in dem etwa 1,2 Millionen Kasachen leben. Sie sind sesshafte Bauern oder nomadische Viehzüchter. Einige Wissenschaftler vertreten die Ansicht, Dschingis Khan sei in Xinjiang begraben.

🌢 Die Schule kann losgehen, sobald etwas zum Schreiben bereitliegt: Stift und Papier, Kreide und Schiefertafel, Wachstafel und Griffel … Diese tansanischen Schüler gehören zum Volk der Massai. Früher mussten männliche Massai einen Löwen töten, um in die Gemeinschaft der Erwachsenen aufgenommen zu werden. Die Massai leben als halbnomadische Viehzüchter im Grenzgebiet von Tansania und Kenia am Fuß des Kilimandscharo. Beide Staaten versuchen immer wieder, sie zur Sesshaftigkeit zu bewegen. Der Kilimandscharo, das »Dach Afrikas«, ist ein schlafender, 5895 Meter hoher Vulkan, dessen Eiskappe infolge der Klimaerwärmung immer mehr dahinschmilzt.

Es ist Zeit für den Heimweg, die Schule ist aus. Diese gut gelaunten nepalesischen Schülerinnen sind zu Fuß unterwegs, da es im gebirgigen Nepal kaum befahrbare Straßen gibt. Sie haben ihre Schirme aufgespannt, um sich vor der Sonne zu schützen. 1951 gab es in Nepal etwa dreihundert Schulen, heute sind es rund vierzigtausend (Grundschulen und Gymnasien). 1959 entstand die erste nepalesische Universität. Trotz dieser Fortschritte ist der Analphabetismus in Nepal noch immer ein großes Problem: Mehr als fünfzig Prozent der Bevölkerung können weder lesen noch schreiben. Der Besuch der Grundschule ist obligatorisch und kostet nichts, doch von Chancengleichheit kann keine Rede sein. Die Sprösslinge der Oberschicht verbringen den größten Teil ihrer Gymnasialzeit im Ausland, beispielsweise in den USA, Indien oder China, während Landkinder der Schule häufig fernbleiben, um den Eltern bei der Feldarbeit zu helfen. Zahlreiche westliche Hilfsorganisationen finanzieren Schulen in den ärmsten Regionen.

روزه
روزه فرض است.
روزه سال یک بار می آید.
ماه روزه سی روز است.

◄ Diese aufmerksamen Schülerinnen lernen in der Koranschule von Herat lesen. Herat gehört zu den schönsten Städten Afghanistans. Es liegt nur 160 Kilometer von der iranischen Grenze entfernt westlich des Hindukusch, hat etwa 180 000 Einwohner und eine große iranische Gemeinde. Die Frauen tragen hier eher den Tschador als die Burka. Seit 2500 Jahren ist diese Region, die Alexander der Große 330 n. Chr. eroberte, besiedelt. Am Ufer des Hari Rud erhebt sich das Minarett von Jam, das wahrscheinlich Ende des 12. Jahrhunderts erbaut wurde.

▲ Diese tadschikischen Schülerinnen und Schüler aus dem Dorf Gourtouchlough sind auf traditionelle Weise gekleidet. Die Tadschiken sind Halbnomaden und gehören zu den zahlreichen ethnischen Minderheiten Chinas; sie wanderten in grauer Vorzeit aus dem östlichen Iran ein und leben heute Seite an Seite mit den Uiguren und Kirgisen auf den Hochebenen unterhalb des 8611 Meter hohen K2, des zweithöchsten Bergs der Erde, und des Muztagata, des »Vaters der Eisberge«, in dem Uigurischen Autonomen Gebiet Xinjiang. Ihr Siedlungsgebiet umfasst etwa 25 000 Quadratkilometer. Sie bauen Gerste an und züchten Schafe und Yaks. In Xinjiang leben heute weniger als 40 000 Tadschiken.

Teilhaben
an der Arbeitswelt

Die Hacke geschultert, marschiert dieses junge Hmong-Mädchen aufs Feld. Es lebt in den Bergen Vietnams, im Grenzgebiet zu China und Laos. Das Volk der Hmong gliedert sich in zahllose Untergruppen, die nach der Tracht ihrer Frauen beispielsweise als Schwarze Hmong, Blaue Hmong oder Blumen-Hmong bezeichnet werden. Letztere tragen bunt bestickte Kleider wie das Mädchen auf dem Foto. Während der französischen Kolonialherrschaft bauten die Hmong vorwiegend Mohn für die Herstellung von Opium an.

Die Berge sind eine Welt voller Gegensätze: Neben Schulen gibt es dort auch Kinderarbeit. Das ist kaum verwunderlich. Wo Armut herrscht, wie in vielen südlichen Ländern, ist die Kinderarbeit ein überlebensnotwendiges Übel. In wohlhabenden Regionen, insbesondere im Norden, können die Kinder zur Schule gehen. Doch hüten wir uns vor vorschnellen moralischen Urteilen. Denn die Bedingungen, unter denen die Kinder zum Arbeiten herangezogen werden, sind je nach Umfeld sehr unterschiedlich, und die Auswirkungen kaum vergleichbar.

Arbeit im Rahmen der Sozialisation

In vielen traditionellen Gesellschaften lernen Kinder die Ausführung landwirtschaftlicher und handwerklicher Tätigkeiten sehr früh von ihren Eltern. Wie richtige Lehrlinge eignen sie sich bei der praktischen Arbeit notwendige Kenntnisse an und reproduzieren bestimmte Abläufe, die sie später ihren eigenen Kindern vermitteln können. Die Arbeit ist also Teil des Sozialisationsprozesses. Die Tatsache, dass diese Kinder nicht zur Schule gehen und weder lesen noch schreiben können, sagt nichts darüber aus, wie geschickt und gewissenhaft sie sich später als Viehzüchter oder Weber anstellen werden. Unter diesen Voraussetzungen darf Arbeit nicht als »Frondienst« interpretiert werden, der Kindern zwangsläufig schadet. Vielmehr hat die Arbeit eine wichtige Funktion für die Reproduktion der Familie und die Erneuerung der Gemeinschaft als Ganzes.

So sehen viele traditionelle Anden-Kulturen in der Arbeit auch heute noch moralische und erzieherische Prinzipien verwirklicht, deren Ursprung auf drei Gebote aus der Inkazeit zurückgehen: »Du sollst nicht neidisch sein, du sollst nicht stehlen, du sollst die Arbeit nicht ruhen lassen.« Arbeiten gilt als vollwertige gesellschaftliche Aktivität, niemals als Zwang oder Strafe, ganz anders als im jüdisch-christlichen Mythos, der in der Arbeit einen Fluch sah, eine Strafe für die Vertreibung aus dem Paradies. Folglich sollte man sich vor übereilten, die jeweilige Kultur ignorierenden Urteilen hüten, wenn man irgendwo auf der Welt ein Kind beim Arbeiten sieht. Selbst in den Ländern der Nordhalbkugel wird zunehmend anerkannt, dass kollektive Arbeit dazu beiträgt, von Generation zu Generation Know-how und kulturelle Werte zu vermitteln, doch glücklicherweise gereicht dies dort der Schule nicht zum Nachteil. Solange die ökonomischen und politischen Bedingungen den jeweiligen Kulturen weiterhin eine traditionskonforme Lebensweise erlauben, gibt es keinen Grund, sich übermäßig aufzuregen. Werden diese traditionellen Lebensweisen aber infrage gestellt – etwa durch die intensive Ausbeutung von Ressourcen wie in Südmexiko und Guatemala, durch den Kontakt mit Touristen wie in Nepal und im Atlas, durch Naturkatastrophen oder militärische Gewalt, die zur Emigration zwingen – wird mangelnde Bildung zum Handicap. Denn das Verdienst der Bildung besteht zu allererst darin, jedem Individuum die Fähigkeiten zur Anpassung zu vermitteln, die ihm in einem anderen Kontext von Nutzen sein können. Anhand der Landflucht im Westen und der gewaltigen schulischen und kulturellen Gegensätze im heutigen China können wir ermessen, mit welchen Umwälzungen die Kinder der Berge konfrontiert sein, in welche Schwierigkeiten sie geraten werden, wenn sie keine Fremdsprachen und kein Rechnen gelernt haben.

➨ Die kleine Sonam Dolma wohnt in Sabu, einem kleinen, 3600 Meter hoch gelegenen Marktflecken in der indischen Region Ladakh in den Ausläufern des Himalaya. Solange die Sonne genug Kraft hat, reifen dort in Treibhäusern sogar Tomaten. Sonam Dolma wäscht ihre Ernte auf dem Boden kauernd in einem kleinen Eimer, denn im Haus gibt es kein fließendes Wasser. Nach der Schule – sofern sie überhaupt eine Schule besuchen – müssen die Kinder bei allen Hausarbeiten helfen.

Kindersklaven

Viel schwerwiegender ist die Kinderarbeit, die allein der ökonomischen Notwendigkeit geschuldet ist, wenn die Armut ganze Gemeinschaften zugrunde richtet. In vielen Gebirgsregionen der Südhalbkugel hängt das Überleben der Familien mit davon ab, dass die Kinder auf den Feldern, in der Fabrik oder in Minen arbeiten. Je mehr Kinder im Haushalt leben, umso mehr Hände können bei der Feldarbeit helfen, um der Erde bescheidene Erträge abzutrotzen. Je mehr Töchter eine Familie hat, umso besser lassen sich die Garten- und Küchenarbeit sowie die Beaufsichtigung von Säuglingen bewältigen.

Diese Denkweise herrscht in vielen Gebirgen Asiens, Afrikas und Lateinamerikas vor, weil Armut und Kindersterblichkeit in den Bergen generell eine größere Rolle spielen als anderswo. Noch heute garantieren die Kinder in zahlreichen Regionen der Welt die ökonomische Sicherheit und gelten als Investition in die Altersvorsorge. Diese Überlegung veranlasst manche Familien dazu, ihre Sprösslinge in die Schule zu schicken, denn mit einer entsprechenden Ausbildung haben sie bessere Chancen, ihren Lebensunterhalt in einer örtlichen Behörde oder in der Nachbarstadt zu verdienen, so dass sie ihren Angehörigen, die in den Bergen geblieben sind, einen Teil ihres Einkommens schicken können. In Indien und Venezuela beispielsweise haben Schulverwaltungen dieses Argument benutzt, um den Widerstand von Eltern zu brechen, die ihre Kinder nicht zur Schule gehen lassen wollten.

Doch ökonomische Überlegungen können auch zu dramatischen Situationen und überaus schändlichen Praktiken führen. Zwar geht das Kinderhilfswerk UNICEF davon aus, dass die meisten betroffenen Kinder in den Gebirgsregionen armer Länder im sogenannten informellen Sektor und am häufigsten unter familiärer Aufsicht arbeiten – beispielsweise bei der Feldarbeit helfen, in Ladakh mit ihren Müttern auf die Hochweiden ziehen, in den Straßen von Quito vor Weihnachten Obst oder Lotterielose verkaufen oder an der Panamericana Autofahrern Erfrischungen anbieten. Doch schätzungsweise ein Viertel der betroffenen Kinder sind UNICEF zufolge skrupellosen Arbeitgebern in die Hände gefallen, die nur an ihren eigenen Profit denken und an Sklaverei grenzende Arbeitsbedingungen billigend in Kauf nehmen. Millionen von Kindern, die als Minenarbeiter in Zentral- und Südafrika, als Fabrikarbeiter in Süd- und Südostasien, als Haushälterinnen und Prostituierte in den Touristenzentren der lateinamerikanischen Großstädte arbeiten, teilen dieses Schicksal.

Wie lässt sich das Problem lösen?

Das Problem der Kinderarbeit in den Gebirgsregionen des Südens hat also sehr unterschiedliche Facetten, die je nach Kontext auch unterschiedliche Reaktionen erfordern. Es gibt immer die Möglichkeit, radikale und systematische Lösungen herbeizuführen, etwa die Schulpflicht einzuführen wie in Kuba und Venezuela, und darauf zu setzen, dass die Gesellschaft und das gesamte Land langfristig davon profitieren werden. Doch nur wenige Staaten haben das Geld für eine solche Politik oder gar den Wunsch, sie umzusetzen. Sobald die politischen und ökonomischen Mittel ausgeschöpft sind, schlägt die Stunde der Pragmatiker. Wenn die lokalen Gesellschaften auf Kinder als Arbeitskräfte bauen und die Ansicht vertreten, ihre kulturelle Zukunft hinge davon ab, dass der Nachwuchs ihnen noch bei den kleinsten Aufgaben des täglichen Lebens zur Seite steht, dann ist es besser, kleinere Brötchen zu backen.

Diese Erkenntnis haben die UNICEF und die norwegische Regierung bei ihrer Bildungskampagne für nepalesische Kinder berücksichtigt. Schätzungsweise die Hälfte der im Himalaya lebenden Kinder zwischen sechs und fünfzehn Jahren arbeitet, und ein Drittel, mehrheitlich Mädchen, ist nie zur Schule gegangen. Im Einvernehmen mit der nepalesischen Regierung beschlossen die Initiatoren, sich auf die Sensibilisierung junger Eltern zu konzentrieren. Sie errichteten ein dichtes Netz von Bildungszentren – *Bal Bikas Kendras* –, die von den Gemeinden verwaltet werden und Eltern mit Kindern im Vorschulalter eine oder zwei Stunden spielerischen Unterricht pro Tag anbieten, um ihnen die Institution Schule näherzubringen. Ebenfalls in Nepal initiierte UNICEF ein sich über zweimal neun Monate erstreckendes Bildungsprogramm für Jugendliche zwischen zehn und vierzehn Jahren, das ihnen die Möglichkeit lässt, nebenher zu arbeiten. Allein im Jahr 1999 nahmen etwa 250 000 Kinder an diesem Programm teil.

Wenn das Geld fehlt und tief in der Gesellschaft verwurzelte Gepflogenheiten zu berücksichtigen sind, gilt es, kleine Akzente zu setzen, um die schändlichsten Formen der Kinderarbeit einzudämmen und jene Formen der Arbeit, die tatsächlich eine kulturelle Rolle spielen, mit einem minimalen Bildungsanspruch in Einklang zu bringen, damit sich den Kindern von heute in der Welt von morgen vielfältige Handlungsmöglichkeiten eröffnen.

NUTRICION ANIMAL

◄ Umsichtig legt ein Kind eine Kartoffel in die Erde. Das Foto entstand auf rund 2200 Meter Höhe in der Umgebung von Quetzaltenango, der zweitgrößten Stadt Guatemalas. In grauer Vorzeit herrschten dort die Maya – bis der *conquistador* Pedro de Alvarado sie 1524 unterwarf. Quetzaltenango wird dominiert von dem Vulkan Santa Maria (3772 Meter), dessen Ausbruch im Jahr 1902 große Verwüstungen anrichtete. In Mittel- und Südamerika gibt es Hunderte von Kartoffelsorten, die in der großen Höhe ausgezeichnet gedeihen. Die in den Anden lebenden Quechua-Indianer konnten inzwischen erreichen, dass die einheimischen Züchter das Recht am genetischen Material der von ihnen entwickelten Sorten behalten. Außer Kartoffeln werden in Guatemala insbesondere Bananen und tropische Früchte angebaut.

♦ Häufig werden Sherpas mit Trägern gleichgesetzt. Die Sherpas sind jedoch eine Ethnie, und »Sherpa« bedeutet »Mensch des Ostens«. Die meisten Sherpas leben in Nepal, und zwar in den Hochtälern des Himalaya unweit des Sargamatha alias Mount Everest. Die Vorfahren dieses kleinen Jungen waren auf den Hochebenen Tibets zu Hause. In einer Region ohne befahrbare Straßen transportiert man viele Dinge in einem geflochtenen Bambuskorb namens *doko*, dessen Tragriemen über die Stirn gelegt wird. Wer auf diese Weise Lasten schleppt, braucht einen Rücken »aus Stahl«. Es empfiehlt sich daher, diese anspruchsvolle Tragetechnik schon als kleines Kind zu üben.

In den Entwicklungsländern werden Kinder überall in der Industrie und Landwirtschaft als billige Arbeitskräfte eingesetzt. Dieser Jugendliche arbeitet auf 1500 Meter Höhe in einer kolumbianischen Kaffeeplantage in den Ausläufern der Anden. In dem feuchtwarmen Klima gedeihen einige der besten Kaffeesorten der Welt. Kolumbien liefert mehr als 800 000 Tonnen gewaschene Arabica-Bohnen in aller Herren Länder und ist damit der drittgrößte Kaffeeexporteur weltweit. Da die Bohnen nicht gleichzeitig reifen, wird das ganze Jahr über geerntet. Weniger als vierzig Prozent der kolumbianischen Plantagen sind in Familienbesitz. Dass in Kolumbien überhaupt Kaffee kultiviert wird, ist einem französischen Geistlichen zu verdanken, der 1808 die ersten Kaffeepflanzen von den Antillen mitbrachte.

Diese kleinen bolivianischen Arbeiter leben auf 3800 Meter Höhe am größten Salzsee der Welt. Der Salar de Uyuni entstand vor etwa 40 000 Jahren durch Austrocknung. Die meterdicke Salzkruste soll mehr als zehn Milliarden Tonnen Salz enthalten. Die Salzgewinnung ist eine knochenharte Arbeit. Da das Salz stark ätzt, müssen Gesicht, Füße und Hände geschützt werden. Das Sonnenlicht, das von der Salzkruste reflektiert wird, brennt in den Augen. Auf dem Salar de Uyuni werden jährlich etwa 25 000 Tonnen Salz abgebaut. Die Einheimischen fertigen daraus auch Salzziegel für den Hausbau.

Wird die starke Verteuerung von Rohstoffen die Entwicklung der Landwirtschaft in den Bergen beeinflussen? Bergbauernsöhne wie dieser kleine Junge aus dem Maurienne in den Nordalpen machen sich sicherlich Gedanken über ihre berufliche Zukunft, bot eine Tätigkeit als Landwirt in der Vergangenheit doch nur magere finanzielle Perspektiven. In zwanzig Jahren wird wohl fast ein Drittel der bäuerlichen Betriebe aus den Bergen verschwunden sein. Schon heute fährt etwa die Hälfte der Landwirte zweigleisig: Sie bewirtschaften nicht nur ihre Höfe, sondern arbeiten auch in der Tourismusbranche, vor allem im Winter.

Die Einwohner von Gadui, die auf den Hochebenen der chinesischen Provinz Qinghai in mehr als 3500 Meter Höhe leben, feiern zu Ehren ihrer Berggottheiten jedes Jahr am 16. Tag des sechsten Mondmonats das Liuyuehi-Fest, um Dämonen zu vertreiben und um Glück für das kommende Jahr zu bitten. Zu diesem Anlass werden in den Klöstern riesige Brote verschenkt, von denen hier der kleine Junge eines hält. Gadui liegt im Distrikt Tongren, der für seine Tempel, *thangka* (Rollbilder) und buddhistischen Klöster aus dem 13. und 14. Jahrhundert bekannt ist.

▲ Kashgar, die am Fuß des Tian-Shan-Gebirges und am Rand der Taklamakan-Wüste gelegene ostchinesische Oasenstadt ist noch heute ein Ort voller Magie. Hier, im Herzen des asiatischen Kontinents, kreuzten sich auf 1400 Meter Höhe einst die Nord- und Südroute der Seidenstraße. In Kashgar leben hauptsächlich Uiguren muslimischen Glaubens. Jeden Sonntag findet ein gut besuchter Markt statt, und dieses kleine Mädchen hat gute Chancen, all seine Nang-Brote zu verkaufen. Nicht von ungefähr wird Kashgar manchmal auch als »Stadt der Düfte und Früchte« bezeichnet, gedeihen in der Oase doch Melonen, Trauben und Aprikosen. Auf dem Markt mischt sich der Geruch von gegrilltem Fleisch mit dem Duft heißer Blätterteigkuchen.

🌢 Auch Buddhisten essen manchmal Fleisch. So auch die nepalesischen Tamang und Gurung, die im Tal des Kali Gandaki in der Nähe der Annapurna auf mehr als 3000 Meter Höhe leben und keinen Grund sehen, auf Lamm- oder Yakfleisch zu verzichten. Sie schneiden das Fleisch in Streifen und lassen es anschließend trocknen; manchmal reiben sie es zusätzlich mit Safranpulver ein, um Fliegen fernzuhalten. Da das Fleisch immer gut durchgegart wird, ist sein Verzehr letztlich weniger gefährlich als der Konsum von Gemüse, das mit Wasser zweifelhafter Qualität gewaschen wurde. Zahlreiche nepalesische Kinder und Erwachsene leiden an chronischen Verdauungsbeschwerden, aber nicht etwa, weil sie Wasser aus dem Hahn trinken würden. Die meisten von ihnen haben gar kein fließendes Wasser.

Diese Straßenverkäufer haben sich am Kantipath aufgestellt, einer belebten Hauptverkehrsader Kathmandus. Die nepalesische Hauptstadt wächst unaufhörlich und zieht dabei zahllose bitterarme Menschen an. Immer mehr Wellblechsiedlungen entstehen an den Ufern von Bagmati und Vishnumati. In diesem Umfeld haben maoistische Extremisten bei der Rekrutierung von Nachwuchs ein leichtes Spiel. Karitative Vereinigungen kümmern sich manchmal um Straßenkinder, meist Waisen, die der Öde ihres Daseins zu entfliehen versuchen, indem sie sich durch das Einatmen von Lösungsmitteldämpfen aus Plastiktüten berauschen.

Die kleinen bolivianischen Schuhputzer zeigen ihr Gesicht nur selten so offen wie dieser Junge. Er lebt in Sucre, der 2800 Meter hoch gelegenen konstitutionellen Hauptstadt Boliviens. Als Außenseiter und Parias abgestempelt, bedecken die meisten Schuhputzer ihren Kopf mit einer Kapuze, die das Gesicht komplett verhüllt. Manche Kinder üben ihr Metier nur sporadisch aus, um das Familienbudget aufzubessern. Andere haben nur dieses eine Einkommen, leben auf der Straße in kleinen Gangs und stehen in direkter Konkurrenz zu den wesentlich älteren »offiziellen« Schuhputzern.

◄ Diese Aufnahme entstand am Ufer des Titicacasees in Peru. Dort leben Quechua- und Aymara-Indianer, die sich selbst »Kotsuna« – »Seemenschen« – nennen. Die beiden Jungen schneiden *totora*-Schilf, das als Baumaterial für Häuser und für Boote – *totoritas* – dient. Der rund 8300 Quadratkilometer große Titicacasee liegt 3810 Meter über dem Meeresspiegel und ist damit einer der höchstgelegenen Seen der Welt. An seiner tiefsten Stelle misst er 283 Meter, und laut Legende sollen aus seinen Abgründen die Urväter des Inkareichs emporgestiegen sein. Auf dem See gibt es sowohl natürliche Inseln als auch künstlich angelegte aus geflochtenem Schilfrohr. Die Indianer bauen darauf unter anderem Quinoa an, eine sehr proteinreiche Pflanze aus der Familie der Fuchsschwanzgewächse.

◄ Aufmerksam verfolgt dieser kleine Junge aus dem schweizerischen Charmey, wie der Holzbildhauer mit dem Messer Edelweiße in ein Stück Lärchenholz schnitzt. Charmey liegt auf 886 Meter Höhe im Kanton Fribourg, genauer gesagt, im Bezirk Gruyère. Früher war das Kunsthandwerk im gesamten Alpenraum ein willkommener Zeitvertreib für die langen Wintermonate. Diese Szene ist während des Almabtriebs, der sogenannten *rindya* aufgenommen: Im September und Oktober treiben die *armaillis* (Senner) die *armayes* (Kühe), die vier Monate auf den Hochweiden verbracht haben, ins Dorf hinab, wo sie überwintern. Der Almauftrieb (*poya*) erfolgt im Mai und Juni.

▲ Brahim mit seiner Hacke: Wie stolz der Junge in die Kamera blickt. Seine Kindheit scheint längst hinter ihm zu liegen. Dabei ist er erst elf Jahre alt – doch seine von der Feldarbeit gezeichneten Hände sehen aus, als seien sie schon vierzig. Brahim gehört zum Stamm der Aït Atta, die den Sommer im Hohen Atlas im Süden Marokkos verbringen und im Winter in mildere Täler hinabziehen. Er ist zuständig für das Sammeln von Beifuß, mit dem die Dromedare gefüttert werden.

Die fruchtbaren Ausläufer des Kilimandscharo sind die Heimat der Dschagga, die dort Kaffee, Bananen (15 verschiedene Sorten), Papayas und Avocados anbauen. Die Begeisterung, mit der Touristen das fast 6000 Meter hohe »Dach Afrikas« erklimmen, hat sie dazu bewogen, sich außerdem als Träger und Führer zu verdingen. Sie transportieren Lebensmittel und alles andere, was für den vier oder fünf Tage dauernden Aufstieg benötigt wird. Als Bantu-Volk tragen sie Lasten auf traditionelle Weise auf dem Kopf. Als Träger zum Kilimandscharo hinauf arbeiten Kinder normalerweise nicht: Das Kommen und Gehen im Nationalpark Kilimandscharo wird streng kontrolliert.

Suzanna ist eine junge Tarahumara-Indianerin aus Mexiko. Das Foto zeigt sie bei der Zubereitung von Maistortillas. Mais ist eine Kulturpflanze. Ihre Kultivierung verdanken wir sehr wahrscheinlich den Indianern, denen es vor etwa 9000 Jahren gelang, das Getreide aus dem Wildgras Teosinte herauszuzüchten. Noch heute bauen die Indios Hunderte von Sorten an. Maisgottheiten spielen bei vielen indianischen Völkern eine wichtige Rolle. Neben Reis und Gerste ist Mais das am häufigsten kultivierte Getreide weltweit. Um daraus Mehl zu gewinnen, müssen die Körner mit gelöschtem Kalk gekocht werden. Tortillas sind für die mexikanischen Indianer ein Grundnahrungsmittel. Sie werden auf einer heißen Metallplatte, dem *comal*, gebacken.

USA
CALIFORNIA

◄ Ushguli in der georgischen Region Swanetien liegt 2200 Meter über dem Meeresspiegel und ist damit das höchste Dorf im Kaukasus. Das Leben dort ist hart. Die Bewohner bauen Zwiebeln und Kartoffeln an, und die Kinder müssen bei sämtlichen landwirtschaftlichen Arbeiten mithelfen. Im Winter ist das Dorf von der Außenwelt abgeschnitten, weil die Straßen von Lawinen blockiert sind. Wegen seiner mehr als zweihundert Wohntürme und historischen Häuser wurde Ushguli von der UNESCO zum Weltkulturerbe erklärt. Die nahen Berge markieren die Grenze zu Russland und werden vom Elbrus (5642 Meter) gekrönt, dem höchsten Berg des Kaukasus.

◄ In den buddhistischen Klöstern des Himalaya lernen junge Mönche nicht nur lesen und schreiben, sondern beteiligen sich wie die Erwachsenen auch am Alltagsleben der Gemeinschaft. Die Lebensbedingungen sind alles andere als komfortabel. Es gibt wenig zu essen, dafür aber Tee im Überfluss. Im Winter kann es vorkommen, dass die Gewänder, unter denen niemand warme Unterwäsche trägt, vereisen. Dieser Mönch gehört zum über 4000 Meter hoch gelegenen Kloster Lithang, das 1580 in der chinesischen Provinz Sichuan erbaut wurde. Heute leben dort etwa fünfhundert bis tausend Gelbmützen. Lithang wurde vom dritten Dalai Lama Lonam Gyatso gegründet. Von diesem Kloster ging 1956 der tibetische Aufstand gegen China aus.

▲ In der Nähe von Taxkorgan füllt eine kleine Tadschikin Schöpfwasser in Kanister, die an einem Esel festgebunden sind. Die Tadschiken stellen die Mehrheitsbevölkerung in dieser historischen Stadt an der Seidenstraße, die schon Marco Polo auf seiner Chinareise durchquerte. Taxkorgan, wegen seiner mächtigen historischen Stadtmauer auch »steinerne Stadt« genannt, gehört zu China, liegt mehr als 4000 Meter hoch zwischen Kunlun, Hindukusch und Tian-Shan-Gebirge und hat mehr als 20 000 Einwohner. Mitten durch die Stadt verläuft der Karakorum-Highway (KKH), der China mit Pakistan verbindet. Der Bau dieser 1986 vollendeten Straße dauerte zwanzig Jahre und kostete fast tausend Arbeitern das Leben.

◄ Der höchste Berg der Welt, der Mount Everest, den die Tibeter Chomolunga nennen, ist nur wenige Kilometer Luftlinie vom Aufnahmeort dieser Fotografie entfernt. Wir befinden uns in der Nähe von Shigatse, der zweitgrößten Stadt Tibets. Hunderttausend Menschen leben dort in 3400 Meter Höhe. Auf den fruchtbaren Hochebenen kultivieren die Bauern vor allem Gerste. Geröstetes Gerstenmehl ist die Grundlage für *tsampa*, den in Tibet allgegenwärtigen Getreidebrei. Shigatse ist die Heimat des Panchen Lama, des höchsten tibetischen Würdenträgers neben dem Dalai Lama. Traditionell steht der Panchen dem Kloster Tashi Lhunpo vor, in dem eine 26 Meter hohe Statue eines Maitreya-Buddhas – eines zukünftigen Buddhas – steht. 1995 erkannte der vierzehnte Dalai Lama einen damals sechsjährigen Jungen als elften Panchen Lama an. Die chinesische Staatsführung, die diese Entscheidung nicht akzeptierte, ließ den Jungen kurzerhand verschleppen und gegen einen eigenen Kandidaten austauschen.

Spielen muss sein

◄ Selbst bei unbarmherziger Kälte ist diesen Kindern aus Bhutan noch zum Lachen und zum Spielen zumute. In der kleinen, 4090 Meter hoch gelegenen Ortschaft Jangothang am Fuß des Chomolhari (7326 Meter) tanzen sie bei einem Fest im Schnee. Das kleine Königreich zwischen China und Indien schottet sich bis heute relativ stark von der restlichen Welt ab, und der Staat erlegt seinen Bürgern strenge Regeln auf, um die bhutanische Kultur zu bewahren. So müssen Männer und Frauen in der Öffentlichkeit die Landestracht tragen: die Männer den *goh*, die Frauen die *kira*.

Wenn zu Beginn des Winters der erste Schnee fällt, kehrt jedes Mal ein Stück Kindheit in unser Leben zurück. Der Verwandlung, die sich auf den Hochplateaus der Anden, in den Tälern von Kaschmir, in den Pyrenäen und anderswo vollzieht, haftet stets etwas Magisches an. Für Kinder jeden Alters ist der Schnee ein teurer Freund, der sich zu Kugeln und Schneemännern formen, zu improvisierten Schlittenbahnen und Skipisten umfunktionieren lässt. In den Bergen ahnen die Kinder von klein auf, dass der erste Schnee ihren Lebensrhythmus verändern und allem Banalen den Charakter des Besonderen verleihen wird. Fortan ist jede freie Minute das pure Vergnügen.

Doch so universell die beglückenden Begegnungen mit diesem magischen Element, die Spiele und Rutschpartien, das Herumkugeln im Schnee und die Freudenschreie auch sind – zwischen den Kindern gibt es Unterschiede, je nachdem, ob sie in Tirol, Nepal oder im Hohen Atlas zu Hause sind. Das verschneite Gebirge, das ein paar Monate lang als Spielplatz dient, ist das Terrain ganz gegensätzlicher Kulturen und Territorialitäten und verweist folglich von einem Tal zum anderen, von einem Hang zum nächsten auf unterschiedliche Gegebenheiten. Genießt man in der Chartreuse vielleicht sonntägliche Familienausflüge mit Schneeschuhen, sind am anderen Ende der Welt, in den Anden, oft kilometerlange Märsche über gefährliche, abschüssige Bergpfade zu bewältigen, um die Schule weiter unten im Tal zu erreichen ...

Die Prägung des Umfelds

Das Gebirge bildet hinsichtlich der gegensätzlichen Realitäten dieser Welt keine Ausnahme; die »bergtypischen« Freizeitbeschäftigungen haben eine Geschichte, eine kulturelle Dimension, die jede Verhaltensweise und jede Haltung beeinflusst, die bestimmt, wie die gewählte Freizeitbeschäftigung ausgeübt wird. Gibt es etwas Natürlicheres als Schnee? Andererseits: Gibt es etwas Sozialeres? Es sind ja immerhin unsere Kulturen, die einen ursprünglichen Bezug zur Natur herstellen und reproduzieren. Gibt es etwas Ökonomischeres als das »weiße Gold« des alpinen Skisports? Etwas Geschichtsträchtigeres? Noch vor einem knappen Jahrhundert war der Schnee in den bäuerlich geprägten, dicht bewaldeten Bergregionen der westlichen Hemisphäre bloß ein weißer Mantel, auf dem die Kinder vor oder nach der Arbeit in den Wäldern, auf den Höfen oder in den Werkstätten auf großen Holzschlitten dahinglitten. Arbeit und Freizeit waren damals eng miteinander verzahnt, gingen zeitlich und räumlich ineinander über. Etwa dann, wenn dieser Mantel sich beim Fallenstellen in einen kostbaren Verbündeten verwandelte und man bei Anbruch des Morgens mit noch traumverhangenen Augen in einer Schlinge einen jungen unschuldigen, erschrocken dreinblickenden Hasen entdeckte. Das verschneite Gebirge hat Facetten, um deren Vervielfältigung sich die unterschiedlichen Gesellschaften, Epochen und Kulturen bemüht haben.

Die Freizeitbeschäftigungen, denen Kinder der Berge weltweit frönen, waren jahrhundertelang von dieser »Kultur des Schnees« und diesem saisonalen, provisorischen Spielfeld geprägt. Sie sind es noch heute, allerdings auf höchst unterschiedliche Weise. Denkt man allein an die westliche Bergwelt, erweist sich schon Nordamerika aufgrund bestimmter Charakteristika als einzigartig: Die Einwohner der angelsächsisch geprägten Metropolen haben hinsicht-

Ein Winterurlaub abseits der großen Skipisten ist *die* Gelegenheit, den einen oder anderen Schneemann zu bauen. Eine Karotte als Nase, eine Mütze, ein paar Kiefernzapfen, eine Pfeife und ein Schal, und fertig ist das kleine Kunstwerk. Schon im 16. Jahrhundert taucht der Schneemann in der Literatur auf. Auch Erwachsene können sich für Schnee als »Werkstoff« begeistern. In Norwegen, Kanada und China – beispielsweise in Harbin – finden jedes Jahr große Schneefestivals statt, auf denen Skulpturen aus Eis und Schnee präsentiert werden.

lich der Natur ihre ureigenen Bezugssysteme und Vorstellungen entwickelt und gehen mit ihr auf ebenso individuelle Weise um – ob innerhalb der Familie, im Rahmen von Sportvereinen oder Gemeinschaftsverbänden. So sollte die wilde Natur ab dem Ende des 19. Jahrhunderts in den Nationalparks einerseits bewahrt werden, andererseits aber auch gebändigt, wo sie zu aufsässig war. Das Gebirge ist für nordamerikanische Kinder eine Art Freizeitpark mit zwei sehr unterschiedlichen Gesichtern: Vielerorts gezähmt und bewirtschaftet, mit Skiliften, Wasserrutschen und anderen Gerätschaften ausgestattet, bietet es auf der einen Seite alle Bequemlichkeiten, die Städter gewohnt sind. Auf der anderen Seite ist es wilde Natur, ein Ort, den man aufsucht, um starke Gefühle zu erleben und sehr persönliche, manchmal spirituelle Erfahrungen zu machen.

Universelle Spiele und regionale Traditionen

Auch alltäglichere Freizeitbeschäftigungen sind in den Bergen populär. Wie (fast) überall regiert auch hier König Fußball. Ist erst einmal eine mehr oder weniger ebene Fläche gefunden, wird sie in null Komma nichts in ein Spielfeld verwandelt. Die Tore werden mit Gegenständen markiert, die unmittelbar zur Hand sind – Kleider, Holzstücke, Steine ... Beim Kicken identifizieren sich die Kinder – in Lateinamerika genauso wie in Afrika oder Europa – mit ihren Idolen, die sie irgendwo im Fernsehen gesehen haben, manchmal auch nur mangels Stromversorgung oder ausreichender Übertragunsqualität erahnen konnten. Ob ein Ball, der diesen Namen verdient, zur Verfügung steht, spielt keine Rolle: Von den Tälern des nigerianischen Air-Massivs bis zu den peruanischen Hochebenen, von den Bergen des marokkanischen Antiatlas bis zu den bayrischen Alpen begnügen sich die Kinder mit verschnürten Lumpenknäueln oder gar Plastikflaschen als Spielgerät. Ihre Anfeuerungsrufe, ihre Freude oder die Enttäuschung, wenn der Ball das viel zu steile Gelände hinabkullert, sind überall gleich. Als Freizeitsport hat der Fußball bei Kindern weltweit inzwischen Kultstatus erlangt, auch im Gebirge, was angesichts der Geländebeschaffenheit etwas paradox anmutet.

Wie für alle menschlichen Aktivitäten gilt auch für die Freizeitbeschäftigungen von Kindern, dass es keinen absoluten Determinismus im Zusammenhang mit den spezifischen Beschränkungen der Bergwelt gibt. Beobachter bekommen Anpassungsleistungen zu Gesicht, die Notwendigkeit, Tradition und Pfiffigkeit vereinen. Sicher, das abschüssige, steinige Spielfeld der Lausbuben im Altiplano ist kein ebenes, schön abgegrenztes, frisch gemähtes Rasenstück. Doch hier wie da geht es um Fußball. Die Vorstellungen und die universellen kulturellen Modelle sind stärker als die Launen der Natur und die praktischen Umstände.

Es gibt noch weitere Freizeitbeschäftigungen, die ebenfalls wenig mit den Bergen zu tun zu haben scheinen, jedoch fest in den regionalen Traditionen verankert sind. Im indisch-pakistanischen Raum spielt man Kricket, in Ostasien Tischtennis, und in Nordamerika ist Baseball sehr populär. Die Bergkinder Afrikas, Asiens und Amerikas werden in Regionen groß, in denen sich nach geraumer Zeit oder nach der Kolonisation Zeitvertreibe etabliert haben, die sich mit jedem lokalen Umfeld in Einklang bringen lassen.

In allen Regionen der Welt überlagern sich Freizeitbeschäftigungen, die überall auf dem Planeten ausgeübt werden, mit jenen, die auf das jeweilige Gebiet, wie etwa die Berge, beschränkt sind. In den Gebirgsregionen der Nord- wie der Südhalbkugel gehen sie Hand in Hand mit der Arbeit und den Lernprozessen in jenen Bereichen des täglichen Lebens, in denen das Wesen der Berge eine zentrale Rolle spielt. Natürliche Gegebenheiten wie Abhänge, Regen oder Trockenheit fließen ein in die Konstruktion einer Weltsicht, in der die Kindheit als Zeit der Sorglosigkeit und des Spiels nur wenig Platz einnimmt und allzu schnell magische, glückliche Erinnerungen an ihre Stelle treten. Doch dort, wo die Armut regiert, gibt es kaum eine Kindheit. Jungen und Mädchen werden vor der Zeit erwachsen: Harte Arbeit und wiederholte Schwangerschaften machen dem Herumtoben in den Bergen oder kollektiven Kopfsprüngen in den nächstgelegenen Fluss frühzeitig ein Ende.

Der Hovsgol Nuur im Nordwesten der Mongolei liegt 1645 Meter über dem Meeresspiegel und ist vier Monate im Jahr zugefroren. Er ist 136 Kilometer lang, 36 Kilometer breit und misst an seiner tiefsten Stelle 262 Meter. An seinen Ufern versammeln sich im Winter viele Nomaden mit ihren Yaks und Pferden. Ehe sie im Frühjahr wieder auf die höher gelegenen Sommerweiden ziehen, feiern sie ein Eisfest, bei dem sie auf Schlittschuhen gegeneinander antreten und Tauziehen veranstalten … Der Hovsgol Nuur ist ein heiliger See, auf dem man seinen Spaß haben kann und auf dem die Kinder schrecklich gern eislaufen. Er ist fischreich und liegt inmitten einer fast unberührten Natur, die Wölfe, Braunbären, Zobel, Hirsche und Vielfraße durchstreifen. In seiner Umgebung leben dreißig Tsaatan-Nomadenfamilien, die Rentiere züchten.

Diese Jungen aus Kaschmir vergnügen sich im Dal-See in Srinagar. Auf 1600 Meter Höhe im Grenzgebiet zwischen Indien und Pakistan gelegen, gilt das von Kanälen durchzogene und von Bergen umgebene Srinagar als Venedig Indiens. Auf dem Dal-See wimmelt es von Hausbooten und schwimmenden Gemüsegärten. Fast 30 000 Menschen leben auf dem Wasser. Der See ist bereits so stark verschmutzt, dass er umzukippen droht. Reiche Inder begeben sich gerne nach Srinagar in die Sommerfrische. Allerdings kommt es infolge des Kaschmirkonflikts dort immer wieder zu Zwischenfällen.

🌢 Selbst ein aufgelassenes Schwimmbad eignet sich als Spielplatz. Haben sie denn überhaupt eine Wahl, die Kinder aus Kabul, die diesen Ort nie anders kennengelernt haben? Im Krieg wurden afghanische Kinder von den Soldaten als Minenräumer missbraucht. Heute leben Unmengen von Waisen, die in den Lagern der Sieger oder Besiegten herumgestoßen werden, sich selbst überlassen auf der Straße. Manche arbeiten unter erbärmlichen Verhältnissen in Fabriken. Doch selbst in Kindern, denen die Kindheit gestohlen wurde, keimt beim Spielen wieder ein Funke Hoffnung auf. Der Hang zum Spielen geht niemals vollständig verloren. Und Kinder wissen besser als Erwachsene, wie notwendig die Freiheit ist, die das Spiel verkörpert.

► In traditioneller Tracht spielen diese Halbwüchsigen vor den verschneiten Gipfeln des Nubra-Tals im Grenzgebiet von Indien, Pakistan und China auf 3500 Meter Höhe Kricket. Das Kricket-Spiel wurde von den Engländern nach Indien gebracht und ist dort längst zum Nationalsport geworden. Diese Jungen leben in Sabu – etwa 10 Kilometer von der ladakhischen Distrikthauptstadt Leh entfernt. Vom Nubra-Tal aus gelangt man über den Karakorum-Pass – die einstige Route der Seidenkarawanen – nach China. Bis 1995 war es für Zivilpersonen tabu, und rund 150 000 Soldaten sicherten die Grenze zu Pakistan. Manche setzen da lieber auf »Kricket-Diplomatie«, denn das Spiel ist in Pakistan genauso populär wie in Indien.

◄ Diese kleinen Nepalesinnen, die mit einer Decke herumtoben, strahlen jene Unbeschwertheit aus, die Kindern weltweit eigen ist. Sieht man genauer hin, stellt man jedoch fest, dass sie in sehr ärmlichen Verhältnissen aufwachsen: Ihre Kleider sind fadenscheinig, die eine ist barfuß, die andere trägt Gummistiefel. Sie haben ihre Sachen nicht ausgewählt, sondern angezogen, was sie haben. In Nepal leben siebzig Prozent der Familien von weniger als zwei Dollar pro Tag. Der Lehrer, der die beiden unterrichtet, verdient nicht mehr als 15 Euro pro Monat. Doch nach zehn Jahren Bürgerkrieg, nach denen eine ganze Generation sich um ihre Jugend betrogen sah, keimt Hoffnung auf ein besseres Leben auf: Heute ist Nepal eine Republik. Im Land des Lächelns darf wieder schallend gelacht werden.

▲ Bruder und Schwester spielen am Tor des buddhistischen Klosters Lhagang. Dieses Kloster, das etwa 4000 Meter hoch mitten in der osttibetischen Steppe erbaut wurde, hat dem Städtchen Tagon zu Ansehen verholfen. Es liegt im hintersten Winkel der chinesischen Provinz Sichuan, nicht weit entfernt von der Stadt Chengdu, kann seine »urtibetische« Prägung aber kaum verleugnen. Dies ist das Land der Khampa-Nomaden, die mit den Chinesen noch nie zurechtkamen. Sie züchten Yaks, sausen auf kleinen Pferden oder Motorrädern durch die Gegend und stehen in dem Ruf, in zwischenmenschlicher Hinsicht nicht allzu viel Spaß zu verstehen. Oft schmücken sie ihr schwarzes Haar mit einem roten Wollband. Sieht man sie so, umweht sie eine Aura des Unbezwingbaren. Kein Wunder, dass die CIA sie in den 1960er Jahren für einen Kampf gegen das kommunistische China zu mobilisieren versuchte.

➡ Wenn draußen nichts zu tun ist, wie im Winter, hat man genügend Zeit für die Bearbeitung von Holz. Viele Bergbewohner wissen mit dem Schnitzmesser oder der Drehbank umzugehen und stellen nützliche und dekorative Dinge (Schalen, Löffel, kleine Möbelstücke, Tauben) oder Spielsachen her (zum Beispiel Kreisel). Diese beiden Kinder aus dem Aosta-Tal spielen mit einem Kreisel. Der Kreisel ist zeitlos: Wurde er bereits im Altertum erfunden? Symbolisiert er vielleicht die Rotation der Erde um ihre Achse? Von den türkischen Bergregionen über die Alpen bis zum Himalaya ist er ein beliebtes Spielzeug. Zweifellos ist der Kreisel genauso universell wie der Drachen und der Reifen. Ein einfaches Stück Holz, dessen närrischer Lauf Kinderherzen höher schlagen lässt und die Fantasie beflügelt.

◄ Beim Skifahren im Gebirge kann man die Wirkung der Schwerkraft auf die eine oder andere Weise am eigenen Leib erfahren. Kinder lieben Gleitsportarten, die Gleichgewicht, Einfallsreichtum, Engagement und Risikobereitschaft erfordern. In Europa kam der Wintersport Ende des 19. Jahrhunderts auf, als man feststellte, dass das Gebirge noch etwas anderes zu bieten hatte als »gute Luft« für tuberkulosekranke Kinder und Erwachsene. Als die Tuberkulose dank Antibiotika und einer Verbesserung der hygienischen Verhältnisse praktisch ausgerottet war, wurde das Gebirge zum »Freizeitpark« mit florierenden Wintersportorten. Heute ist man nicht zuletzt aufgrund des Klimawandels vom Skizirkus wieder ein bisschen abgekommen und sucht nach authentischeren Erfahrungen – Schneeschuhwandern, Bergwandern und Naturerlebnisse stehen inzwischen fast genauso hoch im Kurs.

▲ Die improvisierten Unterlagen, auf denen diese Kinder aus Zanskar in Nordindien den Hang hinabfahren, ähneln den aus Dauben gefertigten Skiern, mit denen die Kinder der Alpenbauern Anfang des 20. Jahrhunderts vorliebnehmen mussten. Als Erfinder der alpinen Skilauftechnik gilt der Österreicher Mathias Zdarsky. Er entwickelte Ende des 19. Jahrhunderts eine besondere Bindung, die das Befahren von Steilhängen ermöglichte. In Indien gibt es inzwischen mehrere Wintersportorte, und angesichts der rasanten ökonomischen Entwicklung dieses Landes ist es durchaus möglich, dass einige von ihnen, beispielsweise Manali, einen Boom erfahren. Denn warum sollte die indische Oberschicht, deren Vertreter man gerne in schicken Hotels in den Schweizer Skiorten antrifft, nicht auch in Regionen wie Zanskar oder Spiti investieren ...

◄ Diese große Schaukel aus Bambusrohr ist ein Provisorium. Das Foto ist beim herbstlichen Dasain-Fest in Nepal aufgenommen. Es dauert über zehn Tage und feiert den Sieg der Göttin Durga über die Kräfte des Bösen. Familien kommen zusammen, man stattet sich gegenseitig Besuche ab, und die Alten tupfen den Jüngeren ein *tika* (ein rotes Segenszeichen) auf die Stirn. Es ist Zeit für Geschenke, neue Kleidung und die Anschaffung neuer Küchengeräte. Die Kinder schaukeln oder lassen Drachen steigen, die Eltern spielen Karten. Zu Ehren der Göttin werden zahlreiche Hähne, Ziegenböcke und Büffel geschlachtet. Für manche Festbesucher ist dies eine der ganz seltenen Gelegenheiten, Fleisch zu essen.

PETZL

◄ Klettersteige erfreuen sich immer größerer Beliebtheit. Sie sind allen zugänglich und ermöglichen Kindern – unter Aufsicht selbstverständlich –, die Leere zu spüren, ihre Angst zu besiegen, ihr Gleichgewicht zu finden und ihre Eigenständigkeit zu entdecken. In Klettergärten können Kinder inzwischen sogar mitten in der Stadt den seltsamen Schauer des Schwindels erleben. Selbst kleine Felsklippen oder einfache Befestigungsmauern lassen sich in Kletterwände umfunktionieren. Die ersten mit Leitern und Stahlseilen ausgerüsteten Klettersteige entstanden im Ersten Weltkrieg in den italienischen Dolomiten und sollten den Truppen das Manövrieren erleichtern.

▲ Für Kinder gibt es oft nichts Schlimmeres, als zu Fuß zu gehen. Wie viele Kinder und Jugendliche haben ihre Eltern schon verflucht, weil sie sie zum Wandern in den Bergen zwangen: Wozu soll das gut sein? Die Sache vereinfacht sich, wenn man die Kinder für dieses Umfeld interessieren kann. Fauna und Flora sind die Köder, die den Aufstieg erträglich machen. Für Gämsen, Murmeltiere, Heidelbeeren und Preiselbeeren können die Kleinen sich schon erwärmen. Einige wenige Grundregeln sind beim Wandern zu beachten: Man sollte viel trinken, regelmäßig Pausen einlegen, vernünftige Schuhe anziehen und eine gute Sonnenbrille sowie warme Kleidung dabei haben.

Tischtennis ist in China Nationalsport. Diese Szene ereignete sich in Baise – einer von Karstlandschaft umgebenen Bergstadt der autonomen südchinesischen Provinz Guangxi Zhuang. Auf einer Stahlbetonplatte mit einem »Netz« aus einer Reihe Steinen spielen Grundschüler eine Partie Pingpong. Kinder sind Meister darin, die banalsten Objekte für ihre Spiele zweckzuentfremden. Warum also nicht eine Betonwand, die ursprünglich in ein Fertighaus eingebaut werden sollte, in eine Tischtennisplatte umfunktionieren? Anfang der 1970er Jahre machte die »Pingpong-Diplomatie« Schlagzeilen: Der damalige US-Präsident Richard Nixon reiste mit der amerikanischen Tischtennis-Nationalmannschaft nach China, um das gestörte Verhältnis beider Staaten mittels sportlicher Begegnungen zu verbessern.

Wie kann ein Schlachtfeld zum Fußballfeldfeld werden? Bei Rorke's Drift in Südafrika, wo diese Kinder heute kicken, fand 1879 während des Krieges, den das britische Empire gegen die Zulu führte, ein erbitterter Kampf statt. Viertausend Zulu-Krieger standen einer Truppe von 139 englischen Soldaten gegenüber. Das zehnstündige Gemetzel forderte Hunderte Todesopfer. Heute sind andere Helden gefragt. Fußball ist in Afrika zu einem Mythos geworden. Welcher afrikanische Junge träumt nicht davon, es irgendwann einmal in die Weltspitze zu schaffen? Schließlich haben viele Stars ihre Karriere mit bloßen Füßen auf Feldern aus gestampftem Lehm begonnen.

▲ Eine Eisrutsche im sibirischen Irkutsk. Die Stadt liegt 66 Kilometer vom Baikalsee entfernt am Fluss Angara. Von Moskau aus erreicht man sie mit der transsibirischen Eisenbahn in 87 Stunden. In Irkutsk ist das Wetter extrem. Die Temperatur im Januar beträgt durchschnittlich −19 °C, sinkt aber gerne mal auf −50 °C. Warm eingepackt wie diese Kinder, kann man den ganzen Winter über Schlitten fahren oder Schlittschuh laufen. Das Eis auf den Seen ist gut und gerne einen Meter dick. Irkutsk, auch das Paris Sibiriens genannt, war einst eine Hochburg der Goldgräber und Schwarzhändler, die Mammutelfenbein nach China verhökerten. Mit 1637 Meter Tiefe ist der Baikalsee der tiefste See der Welt.

► Auf seinem Plastikschlitten rutscht dieser kleine Kerl einen Hang in Megève hinunter, einem der schönsten Wintersportorte in den Savoyer Alpen. Im Skigebiet Évasion Mont-Blanc gelegen, bietet Megève insgesamt 450 Kilometer Skipisten – einst Tummelplatz einer seiner berühmtesten Söhne, des Skirennfahrers Émile Allais. 1910 wählte die Familie Rothschild Megève als ihr Urlaubsdomizil und sorgte dafür, dass der Ort bald ebenso mondän war wie Sankt Moritz. Der französische Schriftsteller Jean Cocteau bezeichnete Megève einst als das 21. Arrondissement von Paris, da man »ganz Paris« dort antreffe.

»So So La Gyalo!« – »Mögen die Götter triumphieren!« – ruft man in Tibet und in Zanskar, wenn man einen Pass überschreitet oder eine *puja* begeht. Bei dieser Form der Andacht wird Mehl (*tsampa*) im Wind verstreut, zuweilen auch auf dem Gesicht verteilt. Die beiden kleinen Mönche, die in einem Kloster in Zanskar leben, sehen zwar so aus, als hätten sie dieses Ritual vollzogen, tatsächlich haben sie sich jedoch beim Streichen der Klostermauern mit Kalktünche beschmiert. Kindern bietet sich im Himalaya nur wenig Gelegenheit zum Spielen, und Kindermönche sind in dieser Hinsicht ganz besonders benachteiligt. Das heißt aber nicht, dass sie keinen Spaß haben. Beobachtet man sie beim Meditieren, wird man feststellen, dass sie einen ziemlich dehnbaren Begriff von Disziplin haben, und es wird einem klar, dass Autorität nicht immer auf Repressionen beruht. In den Klöstern herrscht gute Stimmung, und so mancher kleine Mönch lauscht im Verborgenen Gesängen aus dem MP3-Player.

1005-001769

Überleben
in schwierigen Zeiten

Diese junge Nepalesin mit dem *tika* auf der Stirn und dem Maschinengewehr in der Hand gehört zur maoistischen Guerilla. 1996 begann unter der Führung eines Mannes mit dem Beinamen »Prachanda« – »der Wilde« – in Nepal ein Bürgerkrieg, der zehntausend Todesopfer gefordert haben soll. Hunderte von Jugendlichen, Jungen und Mädchen, meldeten sich freiwillig zur Guerilla oder wurden von den Maoisten mit Gewalt in den bewaffneten Kampf hineingezogen. Prachanda war nach dem Ende des Krieges Vorsitzender der Kommunistischen Partei Nepals und von 2008 bis 2009 Premierminister.

In einer Zeit, in der Güter, Menschen und Ideen rund um den Globus reisen, leiden die Gebirgsregionen vor allem armer Länder unter dem Handicap ihrer geografischen Isolation. Während zwei Drittel der Weltbevölkerung in Küstennähe leben und mit dem Rest der Welt durch die Ozeane verbunden sind, führen die Bergbewohner eine Art Inseldasein. Die Kinder sind die Ersten, die unter dieser Isolation leiden. Eine ihrer Folgen ist eine erhöhte Kinder- und eine noch höhere Müttersterblichkeit. Sicher sind die Sterberaten in manchen Ländern stark gesunken: In Nepal und Bolivien beispielsweise starben 2006 »nur noch« etwa sechzig von tausend Kindern unter fünf Jahren. Im Vergleich zu 1990 ist dies ein Rückgang um fünfzig Prozent. Dennoch ist die Mortalität in den Bergen fast immer höher als im Flachland und in den Großstädten. Solange das nächste Krankenhaus oder die nächste Ambulanz nur über einen Ziegenpfad zu erreichen sind, bleibt das Risiko, bei der Niederkunft zu sterben oder das Baby durch eine Frühgeburt zu verlieren, stark erhöht. Atemwegserkrankungen, die durch die Kälte und die starken Temperaturschwankungen begünstigt werden, sind stark verbreitet. Das klingt paradox, denn in den entwickelten Ländern glaubte man lange Zeit an die gesundheitsfördernden Eigenschaften der Höhenluft und schickte kleine Patienten in Bergsanatorien. In unserer Fantasie gehören Berge, Gesundheit und Kindheit zusammen, tatsächlich aber leiden Kinder, die in den isolierten tropischen Gebirgen leben, oft unter Unterernährung und Mangelerscheinungen – insbesondere unter Jodmangel.

Allgegenwärtige Bedrohungen

Das Gebirge ist nicht nur ein medizinisches Notstandsgebiet – in Lesotho und Peru kann man auch heute noch an einer Blinddarmentzündung oder an Tetanus sterben –, sondern auch ein Ort wiederkehrender Katastrophen: Das Zusammentreffen bestimmter Bedingungen – Steilhänge, geologisch junge Formationen und oft sehr extreme Wetterphänomene –, insbesondere in Zeiten des Klimawandels, begünstigt Erdbeben, Schlammlawinen, Hochwasser und Schneestürme.

Zudem werden zahlreiche Kinder, die in den Bergen aufwachsen, frühzeitig in kriegerische Auseinandersetzungen hineingezogen. Von den Älteren instrumentalisiert und aufgrund mangelnder Schulbildung leichtgläubiger als Kinder, die im Flachland aufwachsen, geraten viele sehr jung in die Fänge von Separatisten. Die Mädchen werden von ihnen als Trägerinnen, Wachposten und Sexsklavinnen missbraucht, die Jungen als Kanonenfutter verheizt. Ihre Waffen sind größer und schwerer als sie selbst. Um ihren inneren Widerstand zu brechen, werden diese Kinder manchmal unter Drogen gesetzt oder gezwungen, sich an Aktionen gegen die eigene Familie zu beteiligen. Die kolumbianische Guerilla und die mehr oder weniger regulären Armeen, die sich im Osten der Demokratischen Republik Kongo und im Norden Ugandas bekriegen, haben bei der Rekrutierung von Kindersoldaten traurige Berühmtheit erlangt.

Kindersoldaten haben keinerlei Bezugspunkte mehr, und wenn ein Konflikt beendet ist, erweist sich ihre Wiedereingliederung in die Gesellschaft als schwierig: Sie müssen sich wieder moralische Werte aneignen, einen Beruf erlernen, eine Lebensweise aufgeben, die ihnen die Illusion von Macht gewährte. Als Enklaven, gesundheitspolitisches Niemandsland und Brutstätte von Aufständen und

Grenzkonflikten sind die Berge eine stetige Bedrohung für den Alltag von Kindern. Doch dank einer neuen Weltoffenheit hat sich das Blatt inzwischen gewendet. Das zeigt sich vor allem in einem zunehmenden Engagement von Nichtregierungsorganisationen und der Entwicklung des Tourismus. Das Leben der Bergkinder hat sich dadurch vollig verändert.

Die Katastrophe als Entwicklungsmotor

In Zentralasien, in Ostafrika und in den Anden beispielsweise haben Nichtregierungsorganisationen Entwicklungsprogramme auf lokaler wie auf internationaler Ebene ins Leben gerufen. Diese Missionen sind oft schwierig, da immense Bedürfnisse befriedigt werden wollen, die betroffenen Gebiete aber nur schwer zugänglich sind. Die augenfälligsten Interventionen finden im Kielwasser größerer Katastrophen statt. Die schreckliche Massenflucht irakischer Kurden nach dem Golfkrieg von 1991, das Erdbeben im iranischen Bam 2003, das Erdbeben in Kaschmir 2005 und die Überflutung Cholutecas nach dem Hurrikan Mitch im Oktober 1998 sollen hier als Beispiele genügen. Das Gebirge ist ein Schauplatz von Alltagstragödien, denen die Kinder immer als Erstes zum Opfer fallen.

Doch diese Tragödien beschleunigen zugleich die Entwicklung: Sobald Hilfs- und Wiederaufbaumaßnahmen erforderlich werden wie in Kaschmir, werden Straßen geöffnet, Schulen und Ambulanzen gebaut, Programme zur Sicherung der Lebensmittelversorgung und zum Schutz von Müttern und Kindern aufgelegt. Über den neuen Asphalt gelangt die Moderne in die frühere Isolation. Die Elektrifizierung macht neue Informationsquellen zugänglich, die Versorgung mit Lebensmitteln verändert die Ernährungsgewohnheiten.

Der Tourismus ist der zweite große Entwicklungsmotor. Touristen, die in den Bergen nach authentischen Erfahrungen suchen, knüpfen manchmal persönliche Kontakte zu Einheimischen und leisten ihnen Unterstützung. Oder sie werden am Ende einer Abenteuerreise oder durch die Begegnung mit einer Familie, die ihnen die Mittellosigkeit eines Bergvolkes bewusst gemacht hat, zu Wohltätern. Der Tourismus, Bote einer friedlichen Globalisierung, hat Medikamente, Versorgungsleistungen und Geräte im Gepäck, an denen es in abgelegenen Bergregionen an allen Ecken und Enden fehlt. Die Berber im Atlas und die Einwohner Ladakhs konnten davon profitieren.

Im Kielwasser der Moderne fördert der Tourismus auch die Entstehung neuer Berufe (wie Touristen-Führer, Hotelier oder Wirt) und die Entwicklung des Handwerks. In einem von Kargheit geprägten Umfeld tauchen plötzlich Markenprodukte und Elektroartikel auf. Es weht ein frischer Wind in den Bergen, und die Hinterlassenschaften von Besuchern aus der ganzen Welt bringen Erleichterungen mit sich, die das Leben der Frauen verändern. Viele Frauen nutzen die Gelegenheit, um mit Traditionen zu brechen und vor der ständigen Plackerei Reißaus zu nehmen. Der Kontakt mit den Touristen weckt in vielen die Lust, in die Glitzerwelt der modernen Städte zu fliehen, wo das Leben ihnen leichter erscheint. Auf einmal glauben sie, dass ihre Kinder dort ärztlich versorgt werden, eine Ausbildung erhalten und besser ernährt werden. Das Leben ändert sich.

Ist es zu bedauern, dass selbst die Adlernester, an denen die Zeit spurlos vorübergegangen scheint, sich zunehmend äußeren Einflüssen öffnen? Zweifellos nicht: Warum sollten bestimmte Universen konserviert werden wie Museumsschätze oder Völker weiterhin ein Leben wie in früheren Zeiten führen? Jedes Mal, wenn eine Mutter sich sicher sein kann, dass ihr Kind eine reelle Lebenschance hat und nicht frühzeitig zu sterben droht, ist ein großer Sieg errungen. In den meisten Schwellenländern sind die Berge inzwischen für Beamte und Geschäftsleute, die den Raum im Auftrag der Regierungen für den Staat erschließen sollen, genauso attraktiv wie für den Tourismus, der die Hoffnung auf ein besseres Leben wachruft, selbst wenn die einheimische Bevölkerung zuweilen gezwungen ist, ihre Bräuche zu »folklorisieren« und ihre Besonderheiten zu kultivieren, um auch weiterhin Besucher anzuziehen. Es vollzieht sich also eine überraschende Veränderung: Die – dank äußerer Einflüsse nur noch bedingte – Isolation wandelt sich von einem Handicap zu einem Trumpf.

➨ Zuerst fällt nur dieser unruhige, entschlossene, etwas anklagende Blick ins Auge. Dann der Mund, der soeben noch ein Stück Süßkartoffel verschlungen hat. Anschließend die Hände. Kein Teller, kein Besteck, kein Lätzchen, keine Kleider. Eine Verletzung an der Brust, ein schmutziges Gesicht … Der kleine Kerl gehört zum Volk der Dani und ist in der Provinz Iran Jaya in West-Papua zu Hause, das seit 1963 zu Indonesien gehört. Die Welt, in der er lebt, ist mit unserer kaum vergleichbar. So viele Fragen liegen in seinem Blick: Was ist Armut? Die Zivilisation? Der Hunger? Was bedeutet es, sich satt zu essen? Und vor allem: Wer bist du, du, der du mich ansiehst?

▲ Diese Kinder, aufgenommen beim Kampfkunst-Training, leben in den Hügeln an der thailändisch-birmanischen Grenze. Sie gehören zu den ungefähr 160 000 Birmanern, die vor der brutalen Militärjunta aus ihrer Heimat geflohen sind und in Thailand auf ein Dutzend Flüchtlingscamps verteilt wurden. Die birmanische Armee zerstörte ihre Dörfer und verbrannte ihre Ernten. Die Soldaten töteten Männer, vergewaltigten Frauen und machten zahllose Kinder zu Waisen. Die Überlebenden flüchteten durch den Dschungel und über die Berge in ein Land, das sie nicht haben will. Von Schleppern, Fluchthelfern, ausgebeutet, haben diese armen Menschen die Hölle gegen ein sehr zweifelhaftes Paradies eingetauscht.

► Ein Kind wird in einer Ambulanz gewogen. In Madagaskar sind etwa 38 Prozent der Bevölkerung unterernährt. Weltweit leiden schätzungsweise achthundert Millionen Menschen Hunger. Unterernährte Kinder haben oft einen aufgeblähten Bauch. Dieser sogenannte Hungerbauch gehört zu den Symptomen der Eiweißmangelkrankheit Kwashiorkor. Das ghanaische Wort *kwashiorkor* bedeutet wörtlich übersetzt »erstens – zweitens«: Kann eine Mutter ihr erstes Kind nicht mehr stillen, weil ein zweites geboren wurde, bekommt das erste nicht mehr genügend Eiweiß. Ganz offensichtlich sind die sozial am meisten benachteiligten Menschen auch diejenigen, die am häufigsten unter Hunger leiden.

a — ta
o — to
i — ti

Geduldig harrt eine tadschikische Familie in einem improvisierten Krankenhaus in Gurtuchlugh im Uigurischen Autonomen Gebiet Xinjiang aus. Der leere Blick der Mutter verrät, wie müde sie ist und wie zerbrechlich ihre Hoffnung, dass die Infusion ihrer Tochter tatsächlich hilft. Der Zustand des Gebäudes lässt hinsichtlich der hygienischen Zustände nichts Gutes ahnen und macht uns bewusst, dass medizinische Versorgung für einen großen Teil der Erdbevölkerung ein Luxus ist. Die Bewohner dieser im Stich gelassenen Region im äußersten Westen Chinas, insbesondere die Uiguren, Kasachen, Kirgisen, Usbeken, Tataren und Tadschiken, nennen ihre Heimat lieber Ostturkestan als Xinjiang. Die chinesische Regierung führt in Xinjiang seit Jahren Atomversuche durch, die nicht ohne Folgen für Menschen, Tiere und Pflanzen geblieben sind. Der Ausbau der sozialen Infrastruktur hingegen wurde vernachlässigt.

»Der Krieg ist ein Massaker von Leuten, die sich nicht kennen, zum Nutzen von Leuten, die sich kennen, aber nicht massakrieren.« Hat Paul Valéry, der Autor dieser Zeilen, recht? Der Krieg in Afghanistan hat einer Million Menschen das Leben gekostet und 700 000 heimatlos gemacht, unter ihnen sehr viele Kinder. Dieses junge Mädchen hat einen Kanister Pflanzenöl ergattert, der wahrscheinlich aus irgendeiner Hilfslieferung stammt, und lebt in Baharak, einem schwer zugänglichen afghanischen Bergort in der Nähe des Pandschir-Tals. Dort hatte die von General Massoud – dem »Löwen von Pandschir« – geführte Nordallianz Gefangenenlager für Taliban errichtet.

➨ In der nepalesischen Hauptstadt Kathmandu ist die Wiederaufbereitung von Abfällen nicht vorgesehen. Doch Straßenkinder sammeln alles, was verkauft, verwendet oder sonstwie nutzbar gemacht werden kann. Der Müll wird karrenweise in den Bagmati-Fluss gekippt, wo Dutzende von Kindern und Milane einander die Beute streitig machen. Zahlreiche Waisenkinder leben in Kathmandu auf der Straße. Die Landflucht und der Krieg haben sie in die Stadt getrieben, doch ihre Hoffnung auf ein besseres Leben hat sich als trügerisch erwiesen. Um die Straßenkinder kümmern sich hauptsächlich private Hilfsorganisationen. Die Dinge geraten manchmal außer Kontrolle; in den letzten Jahren wurden in Kathmandu allein vier pädophile Waisenhausdirektoren verhaftet.

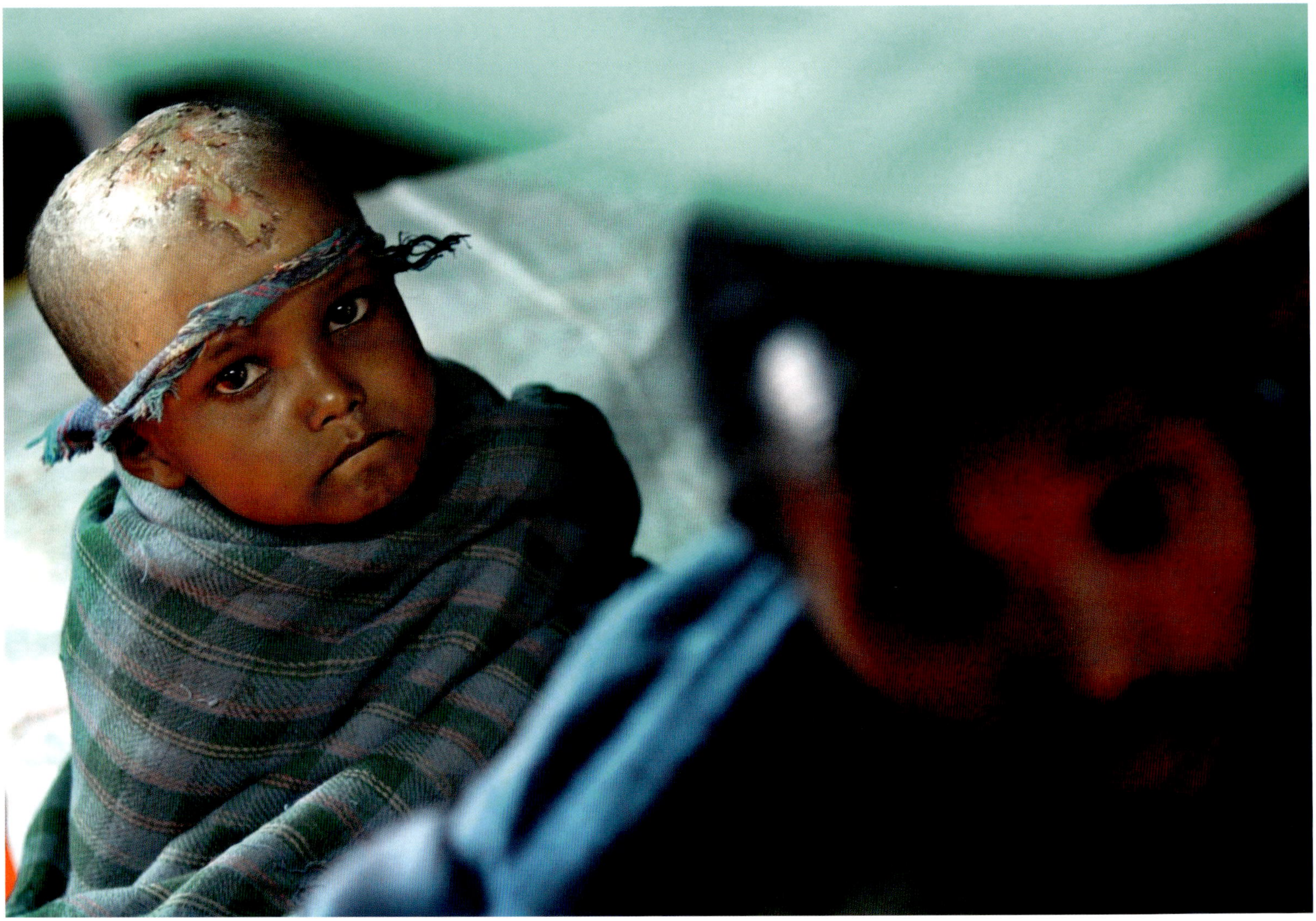

Ein Blick ohne jede Hoffnung: Was erzählt er uns über Äthiopien – die Heimat dieses Kindes, das in einer Ambulanz in Leku ausharrt? Die Stadt Leku hat 75 000 Einwohner und liegt in der Nähe des besonders für Ornithologen interessanten Awassa-Sees im ostafrikanischen Grabenbruch. Kaum jemand weiß, dass Äthiopien relativ gebirgig ist. Der höchste Berg, der Ras Dashen, ist 4620 Meter hoch. Die Bauern, die im Hochland leben, setzen mehr und mehr Düngemittel und genmanipuliertes Saatgut ein, um die niedrigen Erträge zu steigern. Dennoch hungern viele Menschen. Schätzungsweise 700 000 Kinder unter fünf Jahren leiden in Äthiopien an Unterernährung. Etwa 400 000 Tonnen Nahrungsmittel müssten jährlich importiert werden, um die prekäre Versorgungslage in den Griff zu bekommen.

Vor einigen Jahrzehnten ist in der Nähe der bolivianischen Hauptstadt La Paz auf 4100 Meter Höhe eine Metropole entstanden, die inzwischen fast eine Million Einwohner zählt: El Alto. Dort haben sich fast ausschließlich Indios niedergelassen, die auf dem Land kein Auskommen mehr fanden. Einen Stadtentwicklungsplan gab es ganz offensichtlich nicht: Elendsviertel reiht sich an Elendsviertel, und viele Behausungen sind so prekär wie diese Zelte, bei denen sich die beiden Kinder aufhalten. 95 Prozent der Einwohner El Altos sind jünger als dreißig Jahre, und mehr als achtzig Prozent von ihnen leben an der Schwelle zur Armut. Ein Drittel der »Häuser« hat weder fließendes Wasser noch elektrischen Strom. Eine Herkulesaufgabe für Hilfsorganisationen.

◄ Am 8. Oktober 2005 wurde der pakistanische Teil Kaschmirs nordöstlich von Islamabad von einem verheerenden Erdbeben heimgesucht, bei dem mehr als 70 000 Menschen ums Leben kamen und ebenso viele verletzt wurden. Es ereignete sich an der Bruchstelle zwischen indischer und eurasischer Kontinentalplatte und erreichte auf der Richterskala eine Stärke von 7,6. Das Epizentrum lag in der Stadt Muzaffarabad. Zahllose Dörfer waren kaum noch erreichbar oder vollkommen von der Außenwelt abgeschnitten. Ein brutaler Wintereinbruch verschlimmerte die ohnehin schon schwierige Lage für die Überlebenden noch zusätzlich. Immerhin einen positiven Effekt hatte dieses Drama: Es führte zu einer Annäherung zwischen Indien und Pakistan, die sich gegenseitig Beistand leisteten.

▲ Der Krieg zerstört Körper und Seele. Kinder verlieren ihr Zuhause, werden getötet oder durch Minen, die manchmal als Spielzeug getarnt sind, zu Krüppeln gemacht. Diese Flüchtlingsfamilie fristet im kurdischen Teil des Irak am Straßenrand ihr Dasein – ohne Arbeit und ohne jeden Komfort. Wie sollte sie da Hoffnung schöpfen? Im Irak leben etwa fünf Millionen Kurden; schätzungsweise eine Million wurde unter Saddam Hussein getötet. Die Autonome Region Kurdistan ist sehr gebirgig. Der Cheekah Dar im Zagros-Gebirge ist mit 3611 Metern der höchste Berg des Irak. Für Flüchtlinge, die ohnehin ums Überleben kämpfen, ist ein solch schwieriges Umfeld ein zusätzliches Handicap. Gegenwärtig leben etwa 15 Millionen Kurden in der Türkei, vier Millionen im Iran und eine Million in Syrien.

► Dieser Junge verhält sich wie ein Erwachsener – ein Erdbebenopfer, das von einer Minute auf die andere den Ernst des Lebens zu spüren bekam. Am 26. Dezember 2003 zerstörte ein heftiges Beben fast die gesamte Stadt Bam und kostete mindestens 35 000 Personen das Leben. Erdbeben sind im Iran nichts Ungewöhnliches: Allein im 20. Jahrhundert forderten sie mehr als 170 000 Todesopfer. Ganze Familien, deren gesamte Habe unter den Trümmern ihrer Häuser begraben liegt, leben in Zeltlagern mit einigen wenigen Wasserstellen. Die Not macht aus Kindern schnell Erwachsene. Insofern könnte dieses Foto auch überall sonst aufgenommen sein, wo Armut herrscht.

Mit vereinten Kräften wird in dem costaricanischen Dorf Piedra Mesa ein Junge geimpft. Das Recht auf Gesundheit ist sehr ungleich verteilt. In isolierten Bergregionen mangelt es oft an modernem medizinischem Komfort. Oft muss zur Rettung Kranker schweres Geschütz aufgefahren werden: Selbst in den gut erschlossenen Alpen können Ärzte und Patienten häufig nur mit dem Hubschrauber ein- und ausgeflogen werden. In manchen Entwicklungsländern ist das schon aus rein finanziellen Gründen undenkbar. Dort sterben Menschen, weil ihnen ein paar Dollar fehlen, um den Arzt zu bezahlen.

🌢 Nepal ist ein Paradies für Trekkingreisende, doch es ist auch eines der ärmsten Länder der Welt. Die Reisernte ist in den letzten Jahren infolge von Trockenperioden und Überschwemmungen in manchen Regionen um fünfzig Prozent gesunken. Bedenkt man, dass der größte Teil der Bevölkerung von der Landwirtschaft lebt, ist das besonders gravierend. Dieses Mädchen aus Dharma macht schwere Zeiten durch. Dharma liegt in der von Dürre heimgesuchten Region Humla, in die sich Touristen nur selten verirren. Humla wird von der französischen Nichtregierungsorganisation Action contre la faim – der Aktion gegen Hunger – unterstützt.

◄ Dieser seltsame Campingplatz ist kein Urlaubsdomizil. Es handelt sich vielmehr um das Flüchtlingslager von Moghol-Gheshlagh in der afghanischen Provinz Takhar. Die Menschen, die auf der Flucht vor den Taliban dort untergekommen sind, konnten nur ihr nacktes Leben retten. Es ist deutlich zu spüren, dass diese Kinder sich getrieben fühlen und Angst haben. Für Reza, den Fotografen, hat das Blut aller Menschen die gleiche Farbe, egal, wo sie geboren sind. Er weist auch darauf hin, dass alle Mütter dieser Welt auf dieselbe Weise weinen, wenn ihr Kind leidet. Vielleicht weiß er intuitiv, dass der Schmerz von Kindern uns nahegeht, so wie ihre Freude uns mitreißt. Möge dieses Mitgefühl dazu beitragen, dass auch wir die Welt mit dem wohlwollenden Blick von Kindern wahrnehmen.

BILDNACHWEIS

Umschlag vorne: Jean-Baptiste Rabouan; **S. 1**: Franck Charton; **S. 4**: Franck Charton; **S. 8–9**: Rémi Bénali; **S. 10**: Getty Images/Pankaj & Insy Shah; **S. 13**: Laurent Giraudou/himis.fr; **S. 14**: Jean-Baptiste Rabouan; **S. 15**: Hervé Champollion/akg-images; **S. 16**: JTB/drr.net; **S. 17**: Getty Images/Hauke Dressler; **S. 18–19**: David Ducoin; **S. 20–21**: Franck Charton; **S. 22**: Josef Koudelka/Magnum Photos; **S. 23**: Getty Images/Pet; **S. 24–25**: Claire und Reno Marca; **S. 26**: Eckel/drr.net; **S. 27**: Getty Images/Andrea Pistolesi; **S. 28–29**: Jean-Baptiste Rabouan; **S. 30**: Bruno Barbey/Magnum Photos; **S. 31**: Jean-Baptiste Rabouan; **S. 32**: David Alan Harvey/Magnum Photos; **S. 34**: David Ducoin; **S. 37**: Michel Gotin/hemis.fr; **S. 38**: Christophe Raylat; **S. 39**: Franck Charton; **S. 40**: Christophe Raylat; **S. 41**: Franck Charton; **S. 42**: Igor Moukhin/Agency.Photographer.ru/drr.net; **S. 43**: Odette Bernezat; **S. 44**: Bertrand Gardel/hemis.fr; **S. 45**: Jean-Baptiste Rabouan; **S. 46**: Pierre Witt; **S. 47**: Frédéric Lecloux/Agence VU; **S. 48–49**: Getty Images/Tom Stoddart Archive; **S. 50**: Jean-Baptiste Rabouan; **S. 51**: Sylvie Chappaz; **S. 52**: Jean-Baptiste Rabouan; **S. 53**: Franck Charton; **S. 54–55**: Bruno Morandi/hemis.fr; **S. 56**: Spin 360; **S. 57**: Myriam Bonnet; **S. 58**: Rémi Bénali; **S. 59**: Rémi Bénali; **S. 60**: Marc Dozier; **S. 61**: Marc Dozier; **S. 62**: Paula Bronstein/Getty Images/AFP; **S. 65**: Christian Rausch; **S. 66**: Mark Buscail; **S. 67**: Frédéric Lecloux/Agence VU; **S. 68**: China Photos/Getty Images/AFP; **S. 69**: China Photos/Getty Images/AFP; **S. 70**: John Vink/Magnum Photos; **S. 71**: John Vink/Magnum Photos; **S. 72**: Franck Charton; **S. 73**: David Ducoin; **S. 74–75**: Abbas/Magnum Photos; **S. 76**: Jean-Baptiste Rabouan; **S. 77**: Jean-Baptiste Rabouan; **S. 78**: Stéphanie Thizy; **S. 79**: Christophe Stagnetto/Sunset; **S. 80**: Reza/Webistan; **S. 81**: Getty Images/Tom Stoddart Archive; **S. 82–83**: Myriam Bonnet; **S. 84**: Franck Charton; **S. 85**: Reza/Webistan; **S. 86**: Bruno Morandi/hemis.fr; **S. 89**: Catherine Mangeot; **S. 90–91**: Alejandro Balaguer/Rapho/Eyedea; **S. 92**: Jean-Michel Le Minoux; **S. 93**: Christian Rausch; **S. 94**: Rémi Bénali; **S. 95**: Gilles Lansard; **S. 96–97**: China Photos/Getty Images/AFP; **S. 98**: Frédéric Lecloux/Agence VU; **S. 99**: Jean-Charles Pironon; **S. 100**: David Ducoin; **S. 101**: Myriam Bonnet; **S. 102–103**: David Ducoin; **S. 104**: Jarry-Tripelon/Top/Eyedea; **S. 105**: Xavier Zimbardo; **S. 106**: Mark Buscail; **S. 107**: David Ducoin; **S. 108–109**: Rémi Bénali; **S. 110**: Rémi Bénali; **S. 111**: Reza/Webistan; **S. 112–113**: Lu-Nan/Magnum Photos; **S. 114**: Franck Charton; **S. 117**: Françoise Cavazzana/Hoa-Qui/Eyedea; **S. 118–119**: Franck Charton; **S. 120**: Ami Vitale/Getty Images AFP; **S. 121**: Thomas Dworzak/Magnum Photos; **S. 122–123**: Jean-Baptiste Rabouan; **S. 124**: Sylvie Chappaz; **S. 125**: Rémi Bénali; **S. 126–127**: Spin 360; **S. 128**: Getty Images/Jim Naughten; **S. 129**: Jacques Ducoin; **S. 130–131**: Franck Charton; **S. 132**: Gilles Lansard; **S. 133**: Christophe Raylat; **S. 134**: China Photos/Getty Images/AFP; **S. 135**: David Rogers/Getty Images/AFP; **S. 136**: Christophe Raylat; **S. 137**: Bruno Ansellem/Signatures; **S. 138–139**: David Ducoin; **S. 140**: Ami Vitale/Getty Images/AFP; **S. 143**: Pascal Tournaire; **S. 144**: Jack Picone/drr.net; **S. 145**: Pierrot Men; **S. 146**: Reza/Webistan; **S. 147**: Manoocher/Webistan; **S. 148**: Frédéric Lecloux/Agence VU; **S. 150**: Marco Longari/AFP; **S. 151**: David Hogsholt/Getty Imgages/AFP; **S. 152–153**: Éric Feferberg/AFP; **S. 154**: Susan Meiselas/Magnum Photos; **S. 155**: Christian Rausch; **S. 156**: Mayela Lopez/AFP; **S. 157**: Frédéric Lecloux/Agence VU; **S. 158–159**: Reza/Webistan; **Umschlag hinten** (v.l.n.r. und v.o.n.u.): Christophe Raylat; Fréderic Lecloux/Agence VU; Christophe Raylat; Getty Images/Pankaj & Insy Shah; Reza/Webistan; Bruno Ansellem/Signatures.

Die Originalausgabe erschien 2008 unter dem Titel *Enfants des Montagnes du Monde* bei Glénat, Grenoble Cedex

Satz: typocepta, Köln
Printed in Italy

www.gerstenberg-verlag.de

ISBN 978-3-8369-2636-2